始皇帝

完全ビジュアルガイド

監修　鶴間和幸

始皇帝完全ビジュアルガイド

目次

李信

五覇七雄の時代から秦・漢帝国の成立まで

始皇帝が生きた春秋戦国という時代

春秋時代 周の衰退と春秋五覇の台頭

　戦乱の時代に終止符を打ち、中国史上最初の統一帝国となる秦帝国を樹立した始皇帝。彼はどんな時代に生まれ、そして生きたのか。始皇帝が生まれた春秋戦国時代から、彼の死後に天下を取った劉邦が漢帝国を建国するまでの流れを簡単に紹介しておこう。

　春秋戦国時代は東周時代ともいう。周は武王という人物が開いた王朝で、長きにわたる平和の時代を築いたとされる。しかし、その支配力は次第に衰え、同時に、斉、晋、楚、秦、宋などの領域国家が力をつけていった。

　こうした状況が、周の王に代わって諸侯たちを統率する実力者「覇者」の存在を生んだ。最初に覇者となったのは斉の桓公で、以下晋の文公、秦の穆公、楚の荘王などが覇者として挙げられることが多い。これらの覇者たちが活躍した時代を「春秋時代」と呼ぶ。

　さまざまな覇者が登場した春秋時代だが、やがて諸侯の臣下である卿や大夫が台頭。彼らが君主をしのぐ力を持つ下克上の時代が始まるのである。

春秋時代の主要国家

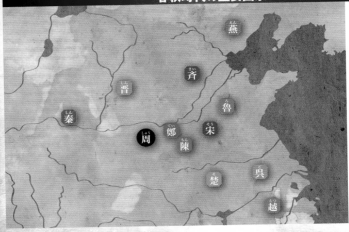

◀斉、晋、楚、秦、宋、呉、越などが覇者を排出した強国として知られる。このほかにも魯、蔡、陳、息など多数の諸侯国が存在していた。

戦国時代 七つの強国が天下の覇権を争う

春秋時代は弱体化したとはいえ、周の君主を「王」とする伝統的価値観がまだ残っていた。しかし、下位の者が上位の者を倒す下克上の風潮が強まっていき、前403年に大国の晋が三分され韓、魏、趙が誕生。これらの3国と斉、楚、秦、燕を合わせた7国が「戦国七雄」と呼ばれ、相争うようになる。これが「戦国時代」で、やがて各国の君主は自分たちも「王」を称するようになっていった。

春秋時代から戦国時代にかけて大きく変わったのが合戦の形態で、歩兵を大量動員した大規模な戦いが常態化していく。必然的に兵を安定供給するための徴兵制が必要になり、各国は戸籍の導入をはじめとするさまざまな改革に力を入れた。こうした改革を成功させた国が強大化していき、同時に宋、鄭、魯などの小国はこれらの強国に糾合されていった。

戦国七雄で最初に強国となったのは魏だが、斉との争いに敗れ、じょじょに衰退していった。続いて商鞅の下で改革を進めた西の強国・秦が台頭。東の斉とともに突出した力を持つようになる。

しかし、斉は燕の楽毅を総大将とする5カ国連合軍に大敗。その後、楽毅を失脚させて燕を破り、失地を回復したものの国力を大きく後退させることとなった。一方、秦は昭襄王のもとで名将・白起らが活躍。東への進出を進め、前260年に起きた長平の戦いにおいて趙に大勝するなど勢力を大きく伸ばした。

かくして秦は戦国七雄の中で抜きんでた存在となった。そして、前247年にのちに始皇帝となる秦王正が即位。秦は天下統一に向けて動き出すことになる。

戦国七雄の勢力図

◀4世紀ごろの戦国七雄のおおまかな勢力圏を示したもの。勢力の範囲は年代によって変化しており、宋、衛、中山などの小国も存在していた。

秦帝国成立 秦の興隆と始皇帝による天下一統

前247年、のちに始皇帝となる趙正が秦王に即位した。「史記」は始皇帝の姓名を「趙政」としているが、当時は「政」ではなく「正」の字が使われていたと現在では考えられている（詳細は42ページにて解説）。したがって、本書ではあえて趙正で通している。

さて、このときの趙正はまだ13歳で、彼の父・荘襄王の即位に貢献した呂不韋が相邦として国政を動かしていた。また、趙正の母・趙姫の愛人である嫪毐も呂不韋に次ぐ勢力を持っていたと思われる。

しかし、趙正が22歳のとき、嫪毐の謀反が発覚。趙正は嫪毐を処刑し、その一党を徹底的に排除した。さらに、呂不韋も乱に関与したとして罷免。秦都の咸陽から追放して死に追いやったのである。

呂不韋らを排除して実権を握った趙正は、いよいよ親政を開始する。このとき彼のブレーンとなったのが李斯である。

趙正は李斯の才能を高く評価。側近として起用し、彼の策にしたがって天下の統一を進めていった。

前230年、秦は戦国七雄のひとつである韓を滅ぼす。これを皮切りに趙、魏、楚、燕を次々と攻め、これらの国も滅ぼしていった。そして、前221年に斉を滅ぼして天下を統一。かくて約550年にわたる戦乱の時代は幕を閉じ、中国史上初の統一国家・秦が誕生したのである。

壁画に描かれた秦の中華統一

▲内史騰による韓討伐や王翦の楚討伐など六国の滅亡の過程が描かれた壁画（復元阿房宮前殿中央広場の始皇帝故事絵画）。

秦帝国の時代 始皇帝が行った統一事業の数々

天下を統一した趙正は王号に代わる新たな称号「皇帝」を自ら考案。自身を最初の皇帝である「始皇帝」とした。

始皇帝となった趙正は数々の統一事業を行ったといわれている。周の火徳に勝つ水徳を王朝の五行とした五徳思想の採用。中華全土を36の郡とし、郡ごとに守、

尉、監を置いたという郡県制の導入。文字・度量衡・車軌・通貨の統一。街道や運河などの交通インフラの整備。旧六国の武力を削ぐための刀狩りなど、数々の事業を推し進め、中国史上初の巨大な中央集権国家を作り上げた。また、自ら中国全土を巡行して回り、皇帝の威信を民

始皇帝が生きた春秋戦国という時代

6

衆たちに示した。

　かくて統一から6年の間は平和が続いたが、やがて始皇帝は新たな戦争を開始する。前215年、始皇帝の命を受けた蒙恬が30万の軍勢を率いて匈奴が支配する河南（現在のオルドス）に侵攻。同時に南方の百越の征伐に乗り出したのである。こうした軍事行動への政治批判を抑えるため、前213年に「焚書令」を発令。詩（経）・書（経）・百家の書をことごとく焼かせた。政治を批判して民衆を惑わしたとして、咸陽の諸生（学者）460余名を生き埋めにした坑儒事件も同時期に起きている。これらの出来事は後年、始皇帝が暴君とされる一因となった。

　前210年に始皇帝が死去し、末子の胡亥が二世皇帝になると、陳勝・呉広らの挙兵を皮切りに各地で秦への反乱が勃発。その中から頭角を現してきたのが項羽と劉邦である。彼らはそれぞれの軍を率いて咸陽を目指して進軍。前206年に劉邦が咸陽に入り、中華統一からわずか15年で秦は滅びたのであった。

始皇帝時代の長城

▲前214年、始皇帝は匈奴に対応すべく長城の建築に着手した。内モンゴル自治区の陰山山脈に、この時代に作られた長城が残っている。

春秋戦国〜漢建国の主な出来事

年	出来事
春秋時代	
前770年	周の平王が洛邑に東遷
前759年	周の平王が携王を討つ
前679年	斉の桓公が覇者となる
前651年	秦の穆公が晋の恵公を破る
前638年	泓水の戦いが起き、宋の襄公が楚に大敗する
前636年	重耳が晋に帰国し、文公となる
前632年	城濮の戦いが起き、晋の文公が楚を破る
前623年	秦の穆公が西戎を討つ
前613年	楚の荘王が即位
前606年	楚の荘王が洛邑にて鼎の軽重を問う
前597年	邲の戦いが起き、楚の荘王が晋を破る
前515年	呉の公子光が即位し、呉王闔廬となる
前506年	柏挙の戦いが起き、呉王闔廬が楚を破る
前496年	檇李の戦いが起き、越王勾践が呉王闔廬を破る
前494年	呉王夫差が越王勾践を破る
前473年	越王勾践が呉を滅ぼす
前468年	魯の哀公が三桓氏に追放される
戦国時代	
前453年	韓、魏、趙によって晋が三分される
前403年	周が韓、魏、趙を諸侯と認める
前386年	周が斉の田和を諸侯と認める
前375年	韓が鄭を滅ぼす
前367年	周が東周と西周に分裂
前357年	秦で商鞅の改革が始まる
前341年	馬陵の戦いが起き、斉が魏を破る
前318年	秦の樗里疾が函谷関にて五カ国連合軍を撃破
前307年	趙の武霊王が胡服騎射を採用
前284年	燕の楽毅が五カ国連合軍を率いて斉に侵攻
前279年	即墨の戦いが起き、斉が燕を破る
前278年	秦の白起が楚都の郢を落とす

楚漢戦争 — 秦を倒した劉邦と項羽が覇権を争う

秦の滅亡後、天下に号令したのは項羽である。項羽は西楚の覇王となり、彼を中心とした支配体制が敷かれた。しかし、漢王となった劉邦が蜂起し、関中を制圧。劉邦と項羽が天下を争った楚漢戦争が、ここに始まったのである。

諸侯と同盟を結んだ劉邦は大軍を率いて項羽の本拠である彭城を落とすが、項羽の奇襲を受けて大敗。しかし、稀代の名将・韓信の活躍などもあって再び勢力を盛り返し、戦いは膠着状態となった。

前203年、劉邦と項羽の間で和睦が結ばれ、両軍はそれぞれ引き上げる。しかし、劉邦は盟約を破って背後から楚軍を襲ったという。追いつめられた項羽は脱出を試みるがはたせず、長江のほとりにて自害。かくして3年にわたる楚漢の戦いは劉邦の勝利で幕を閉じた。

前202年、劉邦は即位して高祖となった。彼が建国した漢帝国は400年の長きにわたって続いていくこととなる。

鴻門之会の史跡

▲咸陽を陥落させた劉邦が項羽と対面した鴻門の会が行われたとされる地。両雄を語る上で欠かせない楚漢戦争屈指の名場面として名高い。

春秋戦国～漢建国の主な出来事

年	出来事
前260年	長平の戦いが起き、秦の白起が趙を破る
	白起が40万人もの趙兵を生き埋めにする
前230年	秦が韓を滅ぼす
前228年	秦が趙を滅ぼす
前227年	荊軻による秦王暗殺未遂事件が起きる
前225年	秦が魏を滅ぼす
前223年	秦が楚を滅ぼす
前222年	秦が燕を滅ぼす
前221年	秦が六国を滅ぼし天下一統
	秦王趙正が始皇帝を称する

秦帝国成立

前220年	始皇帝が第1回の巡行を行う
前215年	蒙恬が匈奴を征伐
前214年	秦が南方の百越を攻める
前213年	焚書令が出される
前212年	始皇帝が諸生460余人を穴埋めにする（坑儒）
前210年	始皇帝が死去、胡亥が2世皇帝となる
前209年	陳勝呉広の反乱が起きる
前207年	趙高が胡亥を弑逆し、子嬰を擁立する
	子嬰、趙高を暗殺する
前206年	劉邦が咸陽に入城、秦帝国が滅びる
	鴻門にて劉邦と項羽が会見

楚漢戦争

前205年	劉邦が項羽に反旗、楚漢戦争始まる
前204年	韓信が背水の陣で趙を破る
前203年	劉邦と項羽が広武で対峙
前202年	垓下の戦いが起き、劉邦が項羽を破る
	劉邦が皇帝となる
前195年	高祖（劉邦）死去

始皇帝が生きた春秋戦国という時代

最強国家・秦の誕生

～始皇帝が登場するまで～

昭襄王

最強国家・秦の誕生
～始皇帝が登場するまで～

西の戎とあなどれられるも穆公の時代に躍進

のちに天下を統一することになる秦は、始祖とされる非子が周の孝王の馬を飼育し、その功により秦の地を与えられたのが始まりと伝わる。前770年に周の平王が洛邑に遷都（東周の成立）した際、非子の子孫の襄公が兵を率いて王室を守護し、洛邑まで送り届けた功により、岐山より西の地に封じられたという。この伝説が事実かは定かでないが、東周が成立した時期に西方に進出して、この地を領域としたのは間違いないようだ。

かくして秦は諸侯となるが、中原から見て西のはずれに位置していたため、政治や文化などの面で一等劣った野蛮な国、「西の戎」と蔑まれていた。

そんな秦を躍進させたのが、前660年に即位した穆公である。穆公は百里奚、蹇叔、由余といった他国出身の者たちを積極的に登用。周辺の国々を次々に糾合して秦の領土を千里以上広げ、中原の国に匹敵する強国へと押し上げたのである。これらの業績により穆公は「西戎の覇者」と呼ばれたのであった。

秦公一号大墓

▲春秋時代後期に建てられたとされる秦公の陵墓。春秋末期の秦公の陵墓が集まっており、最大の秦公一号大墓は第13代景公の墓とみられる。

秦王家の系譜と主な出来事		
非子	前905年ごろ	周の孝王から秦の地と嬴姓を賜る
秦仲	前823年ごろ	周の宣王の命を受け、西戎と戦う
荘公	前822年ごろ	西戎を破った功により、周の宣王より西垂の地を賜る
襄公	前770年ごろ	周の平王を援けた功により岐山以西の地を賜り、諸侯に列せられる
穆公	前659年～前621年	百里奚などを登用して秦の領土を広げ、春秋五覇のひとりに数えられる
孝公	前361年～前338年	商鞅を登用して改革を断行、秦を中央集権的な国家へと変える
恵文王	前337年～前311年	函谷関で五カ国連合軍を撃破、張儀を登用して楚を破る
昭襄王	前306年～前251年	積極的に外征を行い、周辺諸国を圧倒。秦の一強体制を築く
始皇帝	前247年～前210年	六国を滅ぼして中国を統一、中国史上最初の皇帝となる

孝公が稀代の法家を抜擢
数々の変革を推し進める

秦がさらなる強国となる基盤を作ったのが前362年に即位した孝公である。当時の秦は魏の脅威にさらされており、孝公は国力を強化すべく衛出身の商鞅を登用する。商鞅は「商鞅の変法」と呼ばれる改革を実施。民が相互に監視し合う連座制、手柄に応じて爵位や金品を与える軍功授爵制、さらに宗室や貴族でも手柄がなければ降格させるなど、信賞必罰の徹底と富国強兵を推し進めていった。

当然、これらの激しい改革は保守派の貴族たちの反発を呼んだが、孝公は商鞅と反対派の者たちを議論させ、商鞅の意見の正しさを知らしめた上で改革を実行していった。孝公の存在なくして商鞅の成功はなかったのである。ちなみに、始皇帝も腹心の李斯の意見を採用する際、

まず反対派と議論させるという、まったく同じ方法を使っている。おそらく孝公の手法を踏襲したのであろう。

かくして秦の国力強化に成功した商鞅だったが、保守派の恨みを買っていたため、後ろ盾になっていた孝公が亡くなると捕えられて車裂きの刑に処された。しかし、彼の断行した改革はのちの天下統一へと繋がっていくのである。

商鞅像

◀商鞅の像。衛という小国の公子で姓名は公孫鞅だが、のちに商於という地に封じられたので商鞅と呼ばれるようになった。

Photo by ©Fanghong

秦を躍進させた商鞅の変法

民を五戸、十戸ごとに編成し、相互監視を義務づける。
罪を犯した者がいたら連座して罰する

違法を告発しない者は腰斬の刑に処する、違法を訴え出た者には恩賞を与える

悪事を隠した者は投降者と同じ罪を与える

二人以上の兄弟がいる家は分家すること。分家しない場合は税が倍になる

戦争での功績には爵位を以て報いる

私闘をした者は、その軽重に応じて処罰する

大人、子供ともに農業・紡績を本業とすること。税を多く納めた者は夫役を免除する

商業で不当に儲ける者や怠け者の貧乏人は奴隷に落とす

たとえ宗室の一族でも戦功のない者は族籍から外す

私有できる田や宅地の広さ、家臣・妾・奴隷の数、衣服の枚数は
家格や爵位の等級によって分け、その分を超えることを禁ずる

功労のある者は贅沢な生活をしてもよいが、
功労のない者は富裕であっても華美な生活をしてはならない

秦をさらなる強国へと飛躍させた昭襄王の登場

　戦国中期になると各国が「王」を称し始め、秦もまた孝公の後を継いだ恵文王が初めて王号を使用している。この時期から強国の利害が直接ぶつかり合うようになり、前318年に韓、魏、趙、楚、斉の5カ国連合軍が函谷関に侵攻。秦は危機に陥るが、恵文王の弟で名将と名高い樗里疾の活躍で窮地を脱した。その後、恵文王は司馬錯に西の蜀を攻めさせて、これを併合。また、縦横家の張儀を重用し、各国との積極的な外交を展開していった。

　秦をさらなる強国へと推し上げ、のちの天下統一の地歩を固めたのが恵文王の子の昭襄王だ。昭襄王は前307年に秦王となるが、当初は母の宣太后と叔父の魏冄が政治を取り仕切っていた。この時期、昭襄王は斉から招いた孟嘗君を謀殺しようとして失敗。孟嘗君が組織した斉・韓・魏、趙、中山、宋の連合軍に函谷関を攻められて敗北し、領土を割譲しているが、こうした国内事情が影響していたのかもしれない。

　ただ、魏冄は政治家としても武将としても非常に有能で、宰相になると白起を将軍として登用。この白起の活躍により、秦は伊闕にて魏・韓に大勝し、楚の都である郢を落として南郡を置くなど、秦の版図を大きく広げたのであった。

再建された函谷関

▲関中の入口を守る函谷関では諸国が合従した連合軍との戦いが何度も行われた。

昭襄王時代のおもな周辺国への侵攻

前301年	司馬錯が蜀の反乱を平定する
前299年	華陽君が楚を討ち、新市の地を取る
前296年	斉、韓、魏、趙、宋、中山の合従軍と函谷関で戦う
前294年	向寿に命じて韓を討ち、武始の地を取る
前293年	白起が韓・魏を伊闕で破る
前292年	白起が魏の垣を取り、大小61の城を攻略
前291年	司馬錯が魏を攻め、軹と鄧の地を取る
前289年	白起と司馬錯が魏の垣・河雍を攻め取る
前286年	司馬錯が魏の河内を攻め、安邑の地を献じさせる
前285年	都尉の斯離が韓、魏、趙、燕とともに斉を討つ
前283年	魏の安城を取る
前280年	司馬錯が楚を攻める
	白起が趙を攻め、代と光狼城を取る
前278年	白起が楚都の郢を落とし、南郡を置く
前275年	魏冄が魏の大梁に迫り、首級4万を取る
前274年	胡傷が魏の巻、蔡陽、長社を攻め取る
前273年	白起が魏の華陽を攻め、首級13万を挙げる
前272年	韓、魏、楚を助けて燕を伐つ
前271年	斉を攻め、剛・寿の地を取る
前269年	胡傷が閼与にて趙に敗れる
前266年	魏を攻めて刑丘、懐の地を取る
前264年	白起が韓を攻め、9城を攻略する
前263年	韓の南陽の地を攻め取る
前260年	白起が長平にて趙に大勝する
前259年	王齕が趙の武安君を討ち、皮牢を攻め取る
	趙都・邯鄲を攻撃する
前257年	張唐が寧新中を落とし、この地を安陽と名づける
前256年	摎が韓、趙を攻め、西周を攻撃
前254年	摎が魏を討ち、呉城の地を取る

長平で強国・趙を破り、他国を圧倒する存在となる

　長く宣太后や魏冄に実権を握られていた昭襄王だったが、魏から来た范雎の進言を受けて親政を決意。宣太后を国政から排除し、魏冄らを追放した。このあたりは相邦の呂不韋を排除し、母を一時幽閉して実権を握った始皇帝に通じるところがある。始皇帝は曽祖父である昭襄王のことも参考にしたのかもしれない。

　昭襄王の信頼を得た范雎は「遠交近攻策」を提唱。天下の覇を目指すなら、遠方の国である斉を直接攻めるのではなく、とりあえず友好関係を結び、まずは近い国である韓と魏をしたがわせるべきと主張した。この范雎の策にしたがい、昭襄王は韓と魏を追いつめていった。

　前260年、韓の上党郡をめぐって趙と争いになり、両軍は長平で対峙。秦軍の主将の白起は趙括率いる趙軍を散々に打ち破り、趙の兵士40万人を穴埋めにするという、すさまじい戦果を上げた。さらに趙都の邯鄲を攻めるが、白起の大きすぎる武勲を恐れた范雎は和睦を進言。白起が反発すると彼を罷免させ、自害に追い込んだのであった。

　白起の死を契機に秦の快進撃は陰りを見せ、昭襄王の代で天下統一を果たすことはできなかった。しかし、もはや独力で秦に対抗できる国はなく、秦の一強体制は揺るぎないものとなったのである。

秦東陵一号陵園

▲1986年に発見された戦国時代の秦の陵墓。昭襄王や彼の正夫人の唐太后、始皇帝の父の荘襄王などが葬られたとみられる。

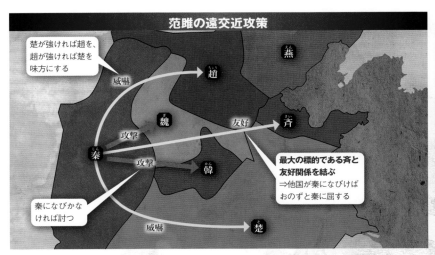

范雎の遠交近攻策

楚が強ければ趙を、趙が強ければ楚を味方にする

威嚇

趙

燕

魏

友好

斉

攻撃

秦

攻撃

韓

秦になびかなければ討つ

威嚇

楚

最大の標的である斉と友好関係を結ぶ
⇒他国が秦になびけばおのずと秦に屈する

君王

西方の強国・秦の礎を築く

穆公（ぼくこう）

生没年
生年未詳〜前621年没

秦

武力 4
知力 3
政治 3
人格 4
気力 5

穆公が残した実績

他国から来た者たちを重用

楚の生まれで腹心の百里奚（ひゃくりけい）、その親友の蹇叔（けんしゅく）、戎王から引き抜いた由余（ゆうよ）、晋から亡命してきた丕豹（ひひょう）、公孫支（こうそんし）ら異国の出身者たちを重用した。以降も秦は他国から来た人材を活用して国力を伸ばしていくことになる。

秦の領土を千里も拡大する

西の異民族・西戎の内情をよく知る由余という人物を戎王から引き抜き、この由余の献策に従って西戎を討伐。12の国を属国とし、西に千里もの領地を得て西戎の覇者となった。この穆公の偉業には周の天子も慶賀（けいが）の意を表したという。

14　Illustration：藤川純一

「西戎の覇者」と称えられた偉大な君主

春秋時代初期の秦は西の辺境に位置する新興国的存在で、中原の諸侯からは蛮夷の国とあなどられていた。

秦の9代目君主の穆公は、そんな秦を飛躍させた名君として知られる。他国の臣だった百里奚（16ページ）らの能力を見抜いて重用。周辺の異民族を討伐し、千里もの領土を獲得したことから「西戎の覇者」と称えられたという。

そんな穆公の人柄を表す有名な逸話がある。あるとき穆公の愛馬が逃げ、山に棲む野人たちに食べられてしまうという事件が起きた。しかし、穆公は「君子は家畜のために人を害したりはしない」と言って許し、それどころか彼らに酒をふるまったのである。このように穆公は篤実さを備えた人物であった。

その頃、晋国で太子が自殺に追い込まれ、太子の弟の夷吾と重耳が国外に亡命するという事件が発生。穆公は兵を出して夷吾の帰国を助けることにした。夷吾は帰国できたら、お礼として秦に領地を贈ると約束するが、即位して恵公となった夷吾は、この約束を守らなかった。

数年後、晋で干ばつが起き、秦に援助を求めてきた。家臣たちの中には晋を攻める好機だと主張する者もいたが、穆公は「夷吾が罪を犯したとしても、百姓に罪はない」という百里奚らの意見に従い、食糧を送って晋を助けた。

ところが、その翌年に秦で飢饉が起きると、晋の恵公は好機と見て秦に攻め込んできた。このとき、かつて穆公の愛馬を食べた野人たちが駆けつけ、穆公を救った。危機を脱した穆公は晋を破り、恵公を生け捕ったのであった。

その後も穆公は秦の拡大・発展に尽力し、前621年に没した。ただ、このとき殉死を命じられた者が177人にもおよんでおり、その中には3人の良臣も含まれていた。そのため「そんなことをしているから諸侯の盟主になれなかったのだ」と『史記』などで批判されている。

穆公

人物相関図

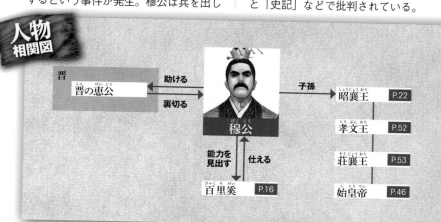

穆公を補佐した老賢臣

百里奚
(ひゃくりけい)

生没年
生没年未詳

秦

武力 1
知力 5
政治 5
人徳 4
気力 4

百里奚が残した実績

100歳くらいまで現役だった？

百里奚が穆公に仕えたのは前655年で、このときすでに70余歳だったというが、「史記」秦本紀には前628年まで百里奚の動向が書かれている。これが事実なら100歳くらいまで現役だったわけで驚くべき活力である。

有能な人材を穆公に推挙

秦に仕えることになった際、自身に劣らぬ賢人として親友の蹇叔を穆公に推挙している。蹇叔は上大夫として穆公に迎えられ、百里奚とともに秦の発展に大いに貢献した。また、百里奚の息子・孟明視も将軍として活躍している。

秦の穆公を覇者へと押し上げた老臣

春秋時代、西戎の覇者と称された秦の穆公（14ページ）の功臣として名高い。楚の出身と言われており、もとは周王室に連なる虞という国に大夫として仕えていたという。ところが、虞は晋の献公によって滅ぼされ、百里奚は主君もろとも捕えられて下僕にされてしまう。そして、献公の娘が秦の穆公に嫁いだ際、夫人の侍臣として秦に送られたのであった。

西の辺境国で一生を送るなぞ御免だと思ったのだろうか。百里奚は秦から逃げ出すが、楚で捕えられてしまう。このとき彼を救ったのが穆公だった。

穆公は百里奚が賢人であると聞いており、五羖（5匹の黒い牝羊のこと）の皮で彼を買い戻した。そして、秦に戻った百里奚に国政について問うたのであった。

百里奚は「亡国の臣である自分に、そんな値打ちなどない」と言って重ねて固辞するが、「虞が滅んだのはあなたを重用しなかったからだ」と言う穆公に根負けし、3日間にわたって国事について語り合った。穆公は大いに感心し、百里奚に国政をゆだねることを決意。彼に五羖大夫の称号を与えたのであった。

このとき、百里奚はすでに70余歳だったというが、穆公から高く評価され意気に感じたのだろう。以降、長きにわたって秦の発展につとめた。穆公との約束を破った晋が干ばつに苦しんだ際には、「君主が罪を犯したとしても、百姓になんの罪があろうか」と言って晋を助けるよう助言。また、穆公が遠国の鄭を攻めようとしたときには、「数カ国を越え、千里の遠方を襲って利益を得た者はいない」と諫めた。結局、穆公は鄭に出兵するが失敗。百里奚らの忠言を聞かなかったことを泣いて詫びたという。

このように秦に多大な貢献をした百里奚だが、「史記」蒙恬伝には「穆公が無実の罪で百里奚を殺した」という記述がある。これが事実だとしたら、穆公と百里奚との間に何があったのだろうか。

人物相関図

穆公　P.14 ──仕える──▶ 百里奚
穆公 ──能力を見出す──▶ 百里奚
穆公 ◀──仕える── 蹇叔
蹇叔 ──親友──▶ 百里奚
晋　晋の献公 ──捕える──▶ 百里奚

商鞅 <ruby>商<rt>しょう</rt></ruby><ruby>鞅<rt>おう</rt></ruby>

戦国時代屈指の大政治家

生没年
生年未詳～前338年没

武力 4
知力 5
政治 5
気力 5
人格 2

<ruby>商鞅<rt>しょうおう</rt></ruby>が残した**実績**

法の絶対性を民衆に理解させる

法令を民に信じさせるため国都の南門に木を立て、これを北門に運んだ者には大金を与えると布告。実際に運んだ者に恩賞を与え、布告に嘘がないことを示した。また、法令を破ったら太子であっても罰するなど信賞必罰を徹底した。

変法で蓄えた力を武器に魏に侵攻する

軍事家としても優れており、たびたび魏に侵攻。前352年に自ら兵を率いて魏の都・安邑を囲み、これを降した。前340年にも魏の将軍・公子卬を捕虜にするなど大勝をおさめ、魏に黄河以西の地を割譲させている。

改革を推し進め 秦を強国へと変貌させる

戦国時代、秦は他国を圧倒する存在になるが、その端緒を築いたのが商鞅である。衛という小国の出身で名は公孫鞅、のちに商於の地に封じられたことから商鞅と呼ばれるようになった。

商鞅は魏の宰相・公叔痤に仕え、その才能を認められるが、魏の恵王は彼を用いようとはしなかった。栄達を求めて秦へとやって来た商鞅は、秦の孝公に覇者となるための強国の術を説き、信任を得ることに成功。「変法」と呼ばれる国政改革を強力に推し進めることとなった。

第一次変法では民衆を互いに監視させ、罪を犯したら連帯責任を負わせる「連座制」、軍功に応じて爵位や褒美を与える「軍功授爵制」などを導入。生産力を増強するための法令も同時に発布した。

続いて、第二次変法を実施。国内を県に分け、各県を令（長官）、丞（次官）に治めさせた。さらに、度量衡を統一し、父子・兄弟が世帯をひとつにすることを禁じた。これらの中央集権的施策により、秦は富強な国家へと変貌していった。

しかし、これほど急進的な改革を実施すれば、当然反発が生まれる。特に、既得権を失った保守派の貴族たちから商鞅は激しく憎まれた。

それでも彼の改革が成功したのは孝公の絶大な信頼があったからである。孝公は商鞅の政策を採り入れる際、まず反対派と議論させた。そして、商鞅に論破させ、周囲を納得させた上で諸政策を進めていったという。こうした孝公の存在も極めて大きかったと言えるだろう。

それゆえ、後ろ盾となっていた孝公が死去し、子の恵文王が即位すると商鞅はあえなく失脚。他国に亡命しようとしたが捕えられ、車裂きにされるという無惨な最期を遂げたのであった。

かくして商鞅の生涯は悲劇に終わったが、彼の変法により秦はじょじょに強大化。やがて圧倒的な国力を武器に、統一への道を進み出すのである。

人物相関図

魏

秦の孝公 ←仕える／信任→ 商鞅

親子

恵文王 →粛清→ 商鞅

魏の恵王 ←重用せず 商鞅

臣下／商鞅を推挙

公叔痤 ←食客となる

政治家

張儀
ちょう ぎ

諸国に秦との連衡を説く

生没年
生年未詳~前309年没

武力 1
知力 5
政治 4
人格 3
気力 5

張儀が残した実績

詭弁で楚の懐王をまんまとだます

張儀は楚の懐王に600里四方の土地を割譲するという条件で斉との同盟の破棄を持ちかけた。しかし、楚が斉と断交すると「約束したのは6里四方の土地だ」とうそぶき、懐王が秦に戦いを挑むよう仕向けたのであった。

口八丁で自分を嫌う王のもとから逃走

自分を嫌う武王が秦王になると、張儀は「斉王は私を憎んでいて、私のいる国を伐とうするでしょう。私を魏に行かせてくれれば斉と魏が戦うので、その間に韓を攻められます」と進言。安全に秦から去ったのであった。

　Illustration：中山けーしょー

弁舌と策謀を駆使して秦を強国にした縦横家

戦国時代を代表する縦横家として知られる。縦横家とは弁舌をもって政治や外交について諸侯に説く者のことで、張儀は斉の鬼谷子から縦横の術を学んだという。かつては同門の蘇秦の策で秦の恵文王に仕えることになったと言われていたが、現在では蘇秦は張儀より後の時代の人物だったと考えられている。

当時は国同士の外交活動が活発化し始めた時期だった。秦の宰相となった張儀は秦と各国が同盟を結ぶ連衡策で、秦の発展に大きく貢献した。

張儀の功績で特に大きかったのは斉、楚との外交だろう。当時、斉と楚は同盟関係にあったが、張儀は「斉と断交すれば領土と秦の公女を献上する」と、楚の懐王に持ちかけて斉と断交させた。ところが、秦に戻った張儀は懐王との約束を守らないばかりか、斉の湣王と同盟を結んだ。懐王は激怒して秦を攻めるが、秦は斉と連合して楚を打ち破った。そして、張儀は再び楚に向かい、巧みな弁舌で懐王に秦との和親を認めさせたのである。さらに、韓、斉、趙、燕の各王にも秦との和親を説き、ついに秦と各国の連衡を成し遂げたのであった。

大役を果たした張儀だったが、彼を重用していた恵文王が亡くなり、息子の武王が秦王となった。武王は張儀を嫌っていたため、誅殺を恐れた張儀は秦を去って魏に向かった。そして魏の宰相となり、1年後に没したという。

「史記」張儀列伝には彼の性格を表した有名な逸話が冒頭に記されている。張儀が諸国を遊説して回っていたとき、窃盗の疑いをかけられて袋叩きにされた。張儀は重傷を負うが、慌てる妻に「俺の舌はまだあるか？」と聞いた。妻が「ついていますよ」と言うと、「それなら安心だ」と答えたという。己の弁舌に絶対の自信を持つ、張儀の性格がうかがえる逸話である。だから舌先三寸で戦国の世を渡り歩くことができたのだろう。

人物相関図

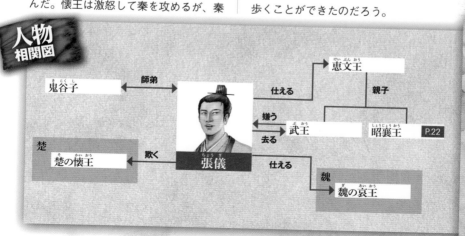

鬼谷子 ←師弟→ 張儀

恵文王

張儀 — 仕える → 恵文王

恵文王 — 親子 — 昭襄王

武王 — 嫌う・去る — 張儀

武王 — 昭襄王　P.22

楚 — 張儀 — 欺く → 楚の懐王

張儀 — 仕える → 魏 魏の哀王

昭襄王
しょう じょう おう

秦をさらに強大化した偉大な王

生没年
前325年生～前251年没

秦

武力 3
知力 4
政治 4
人格 3
気力 5

昭襄王が残した実績
しょう じょう おう

白起と魏冄の活躍で領土を大幅に拡大

昭襄王のもとで白起と魏冄は隣国の韓や魏などへの侵攻を繰り返し、秦に領土を献上させていった。さらに、前278年に白起が楚都の郢を攻略。この地に南郡を置いて領土とするなど、秦の勢力を大きく伸ばした。

西帝を称し、天下に号令する意志を見せる

前288年、昭襄王は斉の湣王に「東帝」の帝号を贈り、自らは「西帝」を称した。これらの称号はすぐに使われなくなったというが、「帝」の文字の使用は昭襄王の天下への意欲の表れで、始皇帝にも強い影響を与えたと思われる。

57年に渡って王に君臨 天下統一の地盤を固める

第28代目の秦王。始皇帝の曽祖父で昭王ともいう。57年ものあいだ王として君臨し、のちの天下統一の基盤を作った。

当初は人質として燕にいたが、先代の秦王である異母兄の武王が急逝。武王には子がなかったため、母の宣太后と叔父の魏冄（30ページ）の後押しを受けて秦王となった。必然的に宣太后や宰相となった魏冄らが政治を取り仕切ったが、魏冄は政戦両略に長けており、常勝不敗の名将・白起（24ページ）を登用。外征を繰り返し、秦の領土を拡大していった。

ただ、魏冄は公私混同が多く、王室を超える宝物をため込むなど権力を利用して私腹を肥やした。そのためか、昭襄王は何度か彼を罷免している。結局、魏冄に代わる人材がいなかったのか、しばらくすると丞相に再任しているが、内心では苦々しく思っていたのだろう。魏から来た范雎（32ページ）を登用すると、彼の進言に従って宣太后や魏冄らを排除し、ついに実権を握ったのであった。

昭襄王は范雎の遠交近攻策のもと、積極的に東方へ進出し、さらに領土を広げていった。その最大の成果が前262年〜前260年に趙との間で起きた「長平の戦い」である。この戦いで白起率いる秦軍は大勝利をおさめ、40万もの趙兵を生き埋めにしたと伝えられている。かくして秦は趙を滅亡寸前まで追いつめるが、白起の巨大すぎる武勲が恐れられたのだろう。范雎の讒言により、昭襄王は白起を自害に追い込んだのであった。結局、白起を失った秦軍は邯鄲を落とせず撤退。秦の勢いはやや衰えを見せるが、それでも前256年に西周が秦に叛いたとして伐ち、名目のみの存在になっていた周王朝を完全に滅ぼしている。

前251年、昭襄王はついに没した。彼の代での天下統一はなし得なかったが、秦はさらに強大化し、六国を圧する存在となった。この絶大な国力を背景に始皇帝は統一を果たすことになる。

第一章 最強国家・秦の誕生

昭襄王

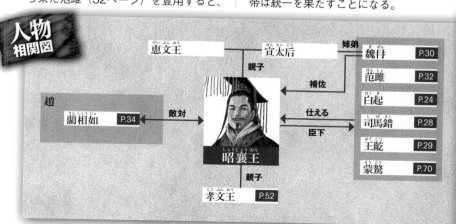

人物相関図

惠文王	—	宣太后	姉弟	魏冄	P.30
	親子			范雎	P.32
			補佐	白起	P.24
趙			仕える	司馬錯	P.28
藺相如 P.34	←敵対→ 昭襄王		臣下	王齕	P.29
	親子			蒙驁	P.70
	孝文王 P.52				

武将

生涯不敗を誇った秦の天才武将

白起（はくき）

生没年
生年未詳～前257年没

秦

武力 5
知力 5
政治 3
人格 2
気力 5

白起（はくき）が残した実績

戦えば必ず勝つ、常勝不敗の名将

白起は「史記」で確認できるだけで20近い戦いを指揮しているが、そのすべてに勝利しており、一度も敗北することはなかった。ただ、何万、何十万もの敵兵を殺したことが何度もあり、あまりに殺しすぎた武将だったとも言える。

敵の動きを読んだたくみな用兵術

一度の戦いで何万もの敵兵を倒していることから勇猛果敢な猛将タイプと思われがちだが、じつは術策に長けた用兵家である。長平の戦いでも敵の動きを正確に読んで翻弄しており、優れた戦略眼を持った知将であった。

魏冄に見出され
伊闕の戦いで頭角を現す

　さまざまな勇将、知将たちが活躍した春秋戦国時代だが、白起の戦歴はその中でも群を抜いている。数々の戦いで圧倒的勝利をおさめ、生涯不敗を誇った名将中の名将であった。

　白起は郿という地の出身で、秦の昭襄王（22ページ）に仕えて左庶長となり、前293年に韓の新城を攻略した。これが白起の最初の武功とされている。このときの戦いぶりが宰相の魏冄（30ページ）の目に止まったのだろう。前293年、韓の将軍・公孫喜が韓・魏の兵を率いて攻め込んでくると、魏冄は白起を秦軍の主将に抜擢した。

　白起は魏冄の期待に応え、伊闕という地で韓・魏連合軍を打ち破った。この戦いで白起は24万もの兵の首を取り、将軍の公孫喜を捕え、5つの城を陥落させたという。さらに、黄河を渡って韓の安邑より乾河にいたる地を獲得。これらの功により大良造という位を与えられた。

　それにしても24万という数字は驚くほかなく、敵兵は容赦なく殺す、白起のすさまじい戦いぶりがうかがえる。この白起の苛烈さは以降もいかんなく発揮されることになる。

　白起の活躍はまだまだ続く。前292年に魏を攻めて大小61の城を落とすことに成功。さらに、司馬錯（28ページ）とともに魏の垣城を落としている。前280年にも趙を攻めて代と光狼城を攻略。このように白起の勢いはとどまるところを知らなかった。

　この頃、楚の頃襄王が斉、韓と合従して秦を伐とうとした。前279年、昭襄王の命を受けた白起は楚に攻め込み、鄢、鄧という地を落とした。このとき白起が鄢を水攻めにして、数10万の軍民を溺死させたとも言われる。そして前278年、ついに白起は楚都の郢を陥落させる。白起は余勢をかって夷陵を焼き払い、東の竟陵という地にまで攻め進んだという。かくして秦は郢を自領とし、この地に南

人物相関図

趙　趙括　P.37 ── 長平で戦う →　白起

自害を命じる → 昭襄王　P.22
仕える →

登用 →　魏冄　P.30
警戒 →　范雎　P.32
同僚 ──　司馬錯　P.28

同僚 ↕　王齕　P.29

郡を置いた。一方、楚は陳への遷都を余儀なくされ、国力を大きく後退させることとなった。この功績により白起は武安君に封じられている。

白起の恐ろしさを知らしめた長平の戦い

その後も白起は各地を転戦し、そのすべてに勝利して秦の領土を拡大していった。だが、魏将の芒卯を破った華陽の戦いでは敵兵13万の首を取り、趙将の賈偃との戦いでも2万もの兵卒を黄河に沈めたという。韓の陘城を攻めた際にも5万の兵を斬首しており、戦いぶりはさらに苛烈を極めた。

そんな白起の最大の戦果として知られるのが前262年に始まった「長平の戦い」である。きっかけとなったのは白起の韓侵攻による野王という地の奪取であった。これにより韓の上党郡が本国との連絡を絶たれて孤立。上党郡の郡守は趙への帰属を願い、趙がこれを受け入れたことから秦と趙の戦いへと発展したのである。

かくして長平にて王齕（29ページ）を主将とする秦軍と廉頗（92ページ）の率いる趙軍が対峙。名将と名高い廉頗は塁壁を築いて守り、戦いは膠着状態となった。両軍のにらみ合いは2年にもおよび、決戦に持ち込みたい秦は廉頗を罷免させるべく、趙に間者を送って「秦は名将・趙奢（36ページ）の息子の趙括（37ページ）を恐れている」という噂を流した。

趙の孝成王はこの噂にだまされ、廉頗に代えて趙括を主将にしてしまった。一方、秦は密かに白起を上将軍として長平に送り、王齕を副将に回した。

ついに両軍が激突するが、白起はすぐさま兵を退いて敗走しているように見せかけた。そして、伏兵を背後に回り込ませて趙軍を分断したのである。趙括の軍は退路を断たれて孤立。追い込まれた趙括は突撃をかけるがあえなく戦死し、趙

白起のおもな戦績

年	戦いの内容
昭襄王13年（前294年）	韓の新城を攻める
昭襄王14年（前293年）	韓・魏を伊闕で破り、首級24万を挙げる。さらに敵将を捕虜にし、5城を落とす
	韓の安邑、乾河にいたる地を取る
昭襄王15年（前292年）	魏を攻め、大小61の城を攻略
昭襄王16年（前291年）	司馬錯とともに魏の垣城を取る（秦本紀では昭襄王18年）
昭襄王27年（前280年）	趙を攻め、代と光狼城を取る
昭襄王28年（前279年）	楚を攻めて鄢・鄧を取り、罪人を許してこの地に移す
昭襄王29年（前278年）	楚都の郢を落とす。夷陵を焼き、東の竟陵までいたる
	郢を南郡とし、武安君に封じられる
昭襄王34年（前273年）	魏の華陽を攻め、首級13万を挙げる
	趙将賈偃と戦い、その士卒2万を黄河に沈める
昭襄王43年（前264年）	韓の陘城を攻め、首級5万を挙げる
昭襄王44年（前263年）	韓の南陽を攻める
昭襄王45年（前262年）	韓の野王を取り、上党を孤立させる
昭襄王47年（前260年）	長平で趙将・趙括を破り、趙兵40万人を穴埋めにする

軍を降伏した。だが、白起は捕虜となった趙兵40万をことごとく生き埋めにして殺したと「史記」は記している。白起はまたしても大虐殺を行ったのであった。

1995年、長平の古戦場が発見され、戦死した兵士を埋めたとみられる人骨坑がいくつも出土。ひとつの坑につき20〜45歳の男性百十数人が埋まっていたという。40万という数字はともかく、大量虐殺が行われことが裏付けられたのである。

昭襄王の命に逆らい 自害して果てる

趙軍を大敗させた白起は趙都の邯鄲（かんたん）に攻めかかろうとしていた。もはや趙の滅亡は目前であった。ところが、彼の巨大すぎる武勲を恐れた秦の宰相范雎（32ページ）は兵の疲労を理由に講和を進言。

昭襄王はこれを受け入れ、白起に撤退を命じたのである。

この命令で白起の何かが折れたのだろう。このあと白起はまったく戦わなくなる。再び秦軍は邯鄲を攻めるが苦戦し、昭襄王と范雎は白起に何度も出馬を要請するが、白起は病と称してすべて拒否した。ついに昭襄王は怒り、白起を一兵卒に落とした。そして、白起に剣を送って自害を迫ったのである、

死に臨んで白起は「自分はどんな罪を犯したのか」と自問した。そして「長平で40万人を生き埋めにした。これだけで十分だろう」と言って自害したという。

無数の敵兵を死なせた白起だが、その苛烈さはあくまで秦と昭襄王のためで、自身の心を殺しながらの日々だったのかもしれない。古代中国史においてもっとも勝利し、もっとも殺した将軍は何を思っていたのだろうか。

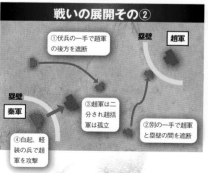

戦いの展開その①

③白起、二手に伏兵を置く

塁壁

秦軍

①趙括が兵を進めて秦軍に攻撃

塁壁

②白起、敗走するように見せかけて軍を退く

戦いの展開その②

①伏兵の一手で趙軍の後方を遮断

塁壁　趙軍

秦軍

④白起、軽装の兵で趙軍を攻撃

③趙軍は二分され趙括軍は孤立

②別の一手で趙軍と塁壁の間を遮断

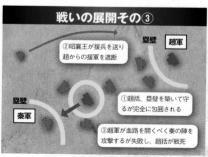

長平の戦いの推移

◀白起は敗走を装って趙括を突出させ（展開その①）、伏兵の一隊で趙軍を分断。もう一隊で塁壁からの援軍も遮断して趙括軍を完全包囲した（展開その②）。そして、趙括が耐えかねて突撃してきたところを討ち取ったのである（展開その③）。

戦いの展開その③

②昭襄王が援兵を送り趙からの援軍を遮断

塁壁　趙軍

秦軍

①趙括、塁壁を築いて守るが完全に包囲される

③趙軍が血路を開くべく秦の陣を攻撃するが失敗し、趙括が戦死

司馬錯 [しばさく]

三代の秦王に仕えた名将

生没年
生没年未詳

武力 4
知力 3
政治 3
人格 3
気力 4

白起とともに 秦の勢力をさらに拡大

　恵文王、武王、昭襄王（22ページ）に仕えた秦の将軍。恵文王の時代、韓と蜀のどちらを攻めるかで張儀（20ページ）と論争になり、張儀は「韓を討って周を降伏させれば天下に号令できる」と主張。対して、司馬錯は「蜀を討つべき」と述べ、蜀を滅ぼせば国を広げて民を富ませられること、魏を攻めて周をおびやかした場合、他国がだまっておらず、悪名をこうむる恐れがあることなどを理由に挙げた。この司馬錯の意見が採用され、自ら軍を率いて蜀を攻め滅ぼした。昭襄王の時代にもたびたび魏などに侵攻。数々の戦いで武勲を上げ、白起（24ページ）らとともに秦の躍進を助けた。

人物相関図

昭襄王 P.22	← 仕える	司馬錯
張儀 P.20	← 意見を戦わせる	
	同僚 →	白起 P.24

王齕
（おう　こつ）

長平の戦いで副将を務める

生没年
生没年未詳

武力 4
知力 3
政治 3
人格 3
気力 3

司馬錯／王齕

数々の戦いに参加したいぶし銀の武将

昭襄王（22ページ）のもとで活躍した秦の武将。長平の戦いでは副将を務め、白起（24ページ）とともに趙の大軍を撃破。白起の左遷後も趙攻略を続け、趙の武安君を討ち、皮牢という地を攻め取っている。さらに、趙都の邯鄲攻略の主将を任されるが、魏の信陵君（38ページ）らの援軍に敗れて撤退した。荘襄王の時代にも上党攻略などの武功を上げているが、以降の消息は不明である。また、『史記』呂不韋列伝では邯鄲を包囲したのは、始皇帝（46ページ）の秦王即位時に将軍に任ぜられた王齮となっている。そのため、王齕と王齮は同一人物ではないかとも言われている。

人物相関図

趙括　P.37

信陵君　P.38

長平で戦う

戦う

長平で共闘

同僚

王齕

白起　P.24

蒙驁　P.70

仕える

昭襄王　P.22

祖父・孫

荘襄王　P.53

政治家

魏冄（ぎぜん）

若き昭襄王を補佐した名宰相

生没年
生没年未詳

武力 4
政治 5
知力 4
気力 4
人格 2

魏冄が残した実績

優れた武人で数々の武功を上げる

武人としても優れており、前276年に魏将・芒卯を破り、魏都の大梁を包囲。翌年に魏が斉と結ぶと再び魏を攻めて大梁に迫り、斉の援軍を破った。さらに、白起らとともに趙・韓・魏を攻めるなど、数々の武勲を上げている。

王室をしのぐ財宝を我が物とする

魏冄が集めた富は秦王室をしのぐものがあった。前265年に魏冄は咸陽を追われるが、「史記」によると、函谷関を出るときの荷車の数は1000台以上にもおよんだという。いかに財宝をため込んでいたかが分かるだろう。

政軍両略に優れるが、最後は追放の憂き目に

恵文王、武王、昭襄王（22ページ）という3代の王に仕え、昭襄王時代の秦の躍進に貢献した功臣。昭襄王の母・宣太后の異父弟で、先王の武王が急死した際、姉と協力して燕で人質になっていた昭襄王を後継に擁立。昭襄王が即位すると、補佐役として秦の国政を担った。

有能な政治家にして軍人で、昭襄王の兄弟たちが起こした反乱を平定。宰相に任じられると、白起（24ページ）を登用して伊闕にて韓・魏の連合運を大いに破った。さらに、楚の宛・葉などを奪い、これらの功により穰・陶の地に封じられ穰侯と呼ばれた。また、自ら兵を率いて魏を攻め、河内という地を落とし、60余りの城を攻略。魏都の大梁も包囲するなど秦の勢力拡大に多大な貢献をした。

そんな魏冉だが、私欲が強いという難点があった。攻め取った地を自領に組み入れ、自分や弟の華陽君らを富ませるために兵を動かすなど公私混同が目立ち、王室をしのぐほどの財を集めていた。そのためだろうか、昭襄王は魏冉の罷免と再登用をくり返しており、魏冉に対して複雑な心情を持っていたようだ。

数々の功績を上げた魏冉だったが、魏から来た范雎（32ページ）が昭襄王の信任を得ると権力に翳りが見え始める。范雎は宣太后の専制と魏冉らが国政をほしいままにしていること、王に勝る富を集めていることを非難した。ついに昭襄王は宣太后を国政から排除。魏冉を罷免し、魏冉の弟の華陽君、昭襄王の弟の高陵君、涇陽君ともども函谷関の外に追放した。そして、魏冉が封地で亡くなると領地をすべて没収したのであった。

自身の権力を利用して私腹を肥やした魏冉だったが、非常に有能な人物で秦への貢献度は絶大であったことは間違いない。「史記」穰侯列伝も「秦が東方に領土を広げ、天下の諸侯たちが西の秦にひれ伏したのは、ひとえに魏冉の功である」と、彼の功績を称えている。

人物相関図

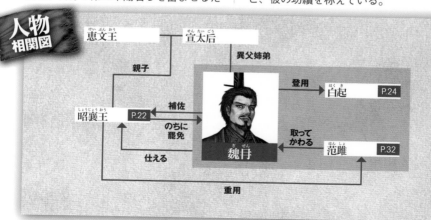

政治家

遠交近攻策を提唱した策士

范雎
（はん）（しょ）

生没年
生年未詳～前255年没

武力 2
知力 4
政治 5
人格 3
気力 5

范雎が残した実績

昭襄王を納得させた巧みな話術

昭襄王に外交政策を説く際、まず魏・韓の領土を越えて斉を攻めることの不利を説明。次に魏・韓を従わせるための遠交近攻策を説き、それでも魏・韓が友好的にならないなら攻めるべきと段階を追って説明し、昭襄王を納得させた。

魏冄、白起ら政敵を次々に排除

政敵の排除に長けており、実権を握っていた魏冄らの追放を昭襄王に提言。長平で趙軍を打ち破った白起にも警戒感を抱き、兵の疲労を理由に和睦するよう昭襄王に進言するなど白起が排除されるよう仕向けた。

冤罪で故国を追われるが昭襄王に認められ再起

屈辱を糧にはい上がり、秦の宰相となった遊説家。魏の生まれで、須賈という人物に仕えていたが、斉王からの贈り物を受け取ったことから、国の秘密を流したという疑いをかけられてしまう。須賈の報告を受けた魏の宰相・魏斉は范雎を投獄し、激しい拷問を加えた。

范雎は肋骨を折られ、歯を砕かれ、さらに簀巻きにされて便所に放り込まれてしまう。しかし、鄭安平という男に助けられ、かろうじて脱出。名を張禄と変え、使者として魏に来ていた王稽に頼んで秦へと逃れたのであった。

王稽の助力で昭襄王に謁見した范雎は、遠い国と交わり、近い国を攻める「遠交近攻策」を提言。遠方の楚と趙を威圧して味方にすれば、同じ遠方の斉も恐れて秦に従う。そうすれば隣国の魏と韓は容易に攻略できると説いたのである。

昭襄王の信頼を得た范雎は客卿（他国出身の大臣のこと）に任じられ、国事について相談を受けるようになった。昭襄王は范雎の進言に従い、母の宣太后を排し、権力を握っていた魏冄（30ページ）らを追放。実権を掌握すると范雎を宰相に任命し、応という地を与えた。

このように策謀に長けた范雎だが、感情的な一面があり、かつて自分を陥れた須賈には屈辱を与え、魏斉は自殺に追い込んでいる。一方、王稽は太守、鄭安平は将軍に推挙し、彼らの恩に報いた。

ところが、鄭安平は趙に敗北して投降。王稽も内通の罪で処刑される。秦の法律では罪人を推薦した者も同罪となっており、范雎は罪を請うたが、昭襄王は許したという。その後、范雎は蔡沢（60ページ）に地位を譲って引退したと「史記」は伝えている。ところが、同時代の史料である「編年記」には、前255年に「王稽、張禄（范雎）死す」という記述があり、王稽が処刑された年に范雎も亡くなったと思われる。范雎の最期はどのようなものだったのだろうか。

范雎

人物相関図

鄭安平

魏

魏斉　　激しく暴行　　救出　　重用　　昭襄王　P.22

密告　　復讐　　保護　　范雎を推挙

須賈　　仕える　　王稽（おうけい）　取ってかわる　仕える

范雎

後継　進言　　魏冄　P.30　警戒

蔡沢　P.60　　白起　P.24

藺相如
りん　しょう　じょ

勇士にして智謀ありと評された趙の名臣

生没年
生没年未詳

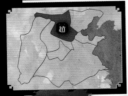

武力
3

政治
4

知力
5

気力
5

人格
5

藺相如が残した実績
りん　しょう　じょ

故事成語にもなった智勇

和氏の璧を取り返し、昭襄王を一喝したときの藺相如の激怒したさまは、「怒髪天」の語源になったと言われる。また、「完璧」という言葉も藺相如が和氏の璧を無事に持ち帰り、「璧を完う」したという故事にちなんでいる。

勇将廉頗と刎頸の交わりを結ぶ
れん　ぱ　　　ふん　けい

趙の将軍・廉頗に激しく嫉妬されるが、趙の国益を第一に考え、彼との軋轢を避けた。そして、藺相如の真意を知って恥じ入る廉頗を許し、相手のために首を斬られても後悔しない生死を賭けた交友「刎頸の交わり」を結んだのである。

昭襄王を相手に一歩も引かず死を賭して任務をまっとう

　領土拡大を進める秦の昭襄王（22ページ）を相手に一歩も引かず、趙の面目を守った気骨の策士である。

　あるとき昭襄王が趙の持つ「和氏の璧」と呼ばれる宝玉を秦の15城と交換しようと持ちかけてきた。「和氏の璧」はかつて楚が所持していたもので、天下の名玉として知られていた。

　このとき趙の使者として抜擢されたのが藺相如である。藺相如は昭襄王に和氏の璧を献上するが、昭襄王が約束を守る気はないことを見て取った。藺相如は傷があると嘘をついて璧を取り戻すと昭襄王の非礼を非難。無理に取り上げようとすれば、自分の頭ともども璧を叩き割ると一喝したのである。

　昭襄王は非礼を詫びたが、藺相如は正式な儀礼をしてからだと交渉を拒否し、その間に璧を趙に持ち帰らせた。そして、儀礼を行った昭襄王に璧はもうないこと

を告げ、秦王をたばかった自分を煮殺せと言い放ったのである。ここで藺相如を殺しても趙との関係が悪化するだけである。やむなく昭襄王は藺相如を厚遇したのち、帰国させたのであった。

　藺相如はこの4年後に行われた秦と趙の会見でも昭襄王に煮え湯を飲ませている。会見で宴が始まると、昭襄王は趙の恵文王に瑟という楽器を弾いてほしいと所望。恵文王が応じると、書記官に「秦王が趙王に瑟を弾かせた」と記録させた。恵文王が秦王の命令に従ったことを公式の記録にしようとしたのである。怒った藺相如は、昭襄王に缶（酒などを入れる陶器）を打って俗謡を奏でるよう要求し、「王との距離はわずか5歩、私の首の血を浴びせましょうか」と言って脅した。そして、渋々ながら昭襄王が従うと、趙王よりみすぼらしい楽器を弾かせたことを記録させ、昭襄王の鼻を明かしたのであった。趙の威勢を示したこの藺相如の智勇は高く評価され、「史記」も最大限の称賛を贈っている。

第一章　最強国家・秦の誕生

藺相如

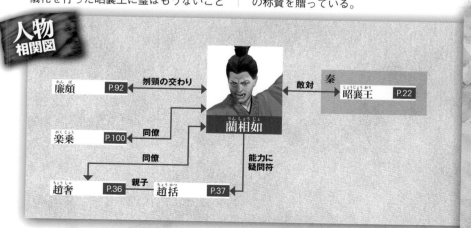

人物相関図

廉頗　P.92 ——刎頸の交わり——→ 藺相如 ←敵対— 秦 昭襄王 P.22

楽乗　P.100 ——同僚——

——同僚——

趙奢　P.36 —親子— 趙括　P.37 ——能力に疑問符——

趙奢（ちょうしゃ）

閼与の戦いで秦軍を倒した名将

生没年
生没年未詳

武力 4
知力 3
政治 3
人格 5
気力 5

巧みな戦術で秦の胡傷をあざむく

藺相如（34ページ）、廉頗（92ページ）と並び称される趙の名将。有能な徴税官だったが、斉の麦丘という地を攻め取るなど、やがて将としても頭角を現し、前269年に秦の胡傷が閼与を攻めた際、閼与への援軍を主張。兵を率いて出陣するが、土塁を築いてひと月近く留まり、さらに捕えた間者もあっさり放免した。そして秦軍に閼与への援軍はないと思わせておき、密かに進軍を開始したのである。間者の報告で油断していた胡傷は慌てて兵を出したが、趙奢の軍はひと足先に有利な場所に布陣。秦軍を敗走させ、閼与を救出したのであった。趙奢はこの功により馬服君に封ぜられた。

人物相関図

秦　胡傷　←撃破　趙奢

趙括　P.37　←親子／能力に疑問符

趙奢　→同僚→　藺相如　P.34

趙奢　→同僚→　廉頗　P.92

趙奢　→同僚→　楽乗　P.100

武将

趙括（ちょうかつ）

長平大敗の戦犯となった凡将

生没年
生年未詳〜前260年没

武力 2
知力 2
政治 3
人格 2
気力 3

自分の能力を過信するが白起（はくき）の足元にも及ばず

　趙の名将・趙奢（36ページ）の息子。若い頃から兵法を学び、父を論破することもあったため自分以上の者はいないと自惚れていたという。だが、彼は実戦での臨機応変な戦い方を知らなかった。

　長平（ちょうへい）で秦軍との戦いが起きたとき、趙の廉頗（92ページ）は守りを固めての持久戦を狙った。決戦に持ち込みたい秦は間者を放ち、「秦は趙奢の息子の趙括を恐れている」という噂を流した。趙の孝成王（こうせいおう）はこの噂を信じ、廉頗を解任して趙括を将軍にしてしまう。結局、趙括は秦の白起（24ページ）の策にはまってあえなく戦死。趙軍は大敗し、趙兵40万人が穴埋めにされたのであった。

人物相関図

秦	白起 P.24		
	王齕（おうこつ） P.29		

長平で戦う

趙括（ちょうかつ）

親子 ── 趙奢（ちょうしゃ） P.36
同僚 ── 藺相如（りんしょうじょ） P.34
同僚 ── 廉頗（れんぱ） P.92

大国・秦を恐れさせた魏の貴公子

信陵君
しん りょう くん

生没年
生年未詳〜前244年没

趙
魏

武力
4

知力
4

政治
3

気力
4

人格
5

信陵君が残した実績

どんな相手でも交際をいとわない

信陵君は博打などをしている無官の者とも親しくしていた。その話を聞いて戦国四君のひとりである平原君はあきれるが、信陵君は「彼らは賢人である」と怒った。この話を聞いた平原君の食客たちは信陵君にくら替えしたという。

蒙驁の率いる秦の軍勢を打ち破る

前247年、魏、趙、韓、楚、燕の5カ国連合軍の将となって魏を攻めていた蒙驁の率いる秦軍に勝利。蒙驁の軍勢を河外という地に退却させた。このあと秦は信陵君が健在の間、函谷関から軍を出してくることはなかったという。

公平無私で誰からも
一目置かれた人格者

戦国時代、「戦国四君」と呼ばれる高潔な4人の人格者がいた。信陵君はこの戦国四君のひとりにして、秦を2度破った人物である。魏の安釐王の異母弟だが、王族という地位を鼻にかけず、誰に対しても礼儀正しく接したことから、人徳者として慕われていた。そんな信陵君を慕って各地から多くの食客が集まり、その数は3000人にも上ったという。

前257年、趙の都・邯鄲が秦軍に包囲され、信陵君のもとに援軍の要請が届いた。しかし、安釐王は秦の勢いを恐れて日和見を決め込んでしまう。やむなく信陵君は自身のわずかな手勢だけで救援に向かうことにした。このとき信陵君を助けたのが、彼の食客の侯嬴であった。

侯嬴は魏の都で門番をしていた老人で、信陵君が自ら出向いて食客に迎えた人物である。信陵君に宴席に招かれた際、さまざまな無礼をわざと働き、それでも礼節を失わなかった信陵君の名声を高めた知恵者で、自分のような者を厚遇してくれた信陵君に強く感謝していた。

侯嬴は魏軍の指揮権を奪うための計略を信陵君に授けた。信陵君は侯嬴の策に従って魏軍を掌握。精兵8万を率いて邯鄲を包囲する秦軍を攻撃し、趙の危機を救ったのであった。しかし、彼は兄王の命令に逆らい、魏の軍権を奪った罪を自覚しており、兵士らは魏に帰還させたが自身はわずかな食客たちと趙に留まった。趙王から領地の献上を持ちかけられ、自分の功績を誇りたくなったこともあったが、食客たちにたしなめられ、さらに慎み深く過ごした。

数年後、秦の攻撃を受けた魏から帰国の要請が届いた。最初、信陵君は渋っていたが、食客たちに説得されて魏に戻ることを決意。またも秦軍を撃退することに成功する。この功績により信陵君の名声はさらに高まった。しかし、王位を狙っていると讒言する者がおり、兄王に疎んじられ失意のうちに死去したという。

第一章 最強国家・秦の誕生　信陵君

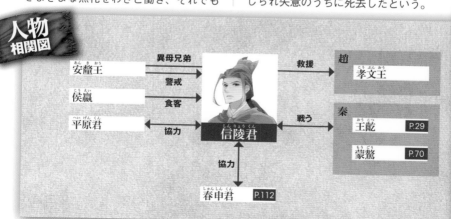

人物相関図

安釐王 —異母兄弟→ 信陵君
侯嬴 —警戒→
平原君 —食客→
　　　　—協力→
信陵君 —救援→ 趙 孝文王
信陵君 —戦う→ 秦 王齕 P.29 / 蒙驁 P.70
信陵君 —協力→ 春申君 P.112

39

始皇帝関連人物小辞典 秦編

趙正の即位時に将軍となる

王齮 （生年未詳〜前244年）

秦の武将で、趙正が秦王に即位した前246年に呂不韋によって将軍に任せられるが、その2年後に死去した。同年に蒙驁が韓を攻めており、この戦いで戦死したのかもしれない。どんな功績を上げたのか不明で、始皇帝即位以前の秦の歴史を記した秦本紀にも名が見られないことから、昭襄王の時代に武将として活躍した王齕と同一人物ではないかともいわれる。

閼与の戦いで趙奢に敗れる

胡傷 （生没年未詳）

昭襄王に仕えた他国出身の武将で穣侯列伝では「胡易」となっている。前274年に魏の巻、蔡陽、長社という地を攻略。さらに華陽にて白起とともに魏の将軍芒卯を破り、15万もの首級を取るという功績を上げた。しかし、趙の閼与を攻めた際、趙の将軍趙奢の奇策にはまって大敗を喫した。その後の消息は不明で、もしかしたら閼与で戦死したのかもしれない。

西周を攻め、周王室を滅ぼす

摎 （生没年未詳）

昭襄王のもとで将軍として活躍。前256年に韓を攻めて陽城、負黍という地を落として首級4万を上げている。さらに趙に攻め入り20余県を攻略。捕虜と斬首した者は合わせて9万に達したという。また、東西に分裂していた西周を攻め、これを降伏させている。その後、周の民が東方に逃げてしまったため、秦は周の九鼎を奪い、周王室はここに滅んだ。

魏攻略の一翼を担う

麃公 （生没年未詳）

趙正が秦王に即位した前246年に、呂不韋より蒙驁、王齮とともに将軍に任命されており、呂不韋の信頼が厚かった武将のひとりと思われる。翌前245年に魏の巻という地を攻め、敵の首3万を取るという武功を上げているが、そのあと「史記」に活動のあとは見られない。以降、将軍としてさほど活躍できなかったのか、もしくは戦死したのかもしれない。

昭襄王に仕えた歴戦の勇将

張唐 （生没年未詳）

昭襄王から秦王正まで4代の王に仕えたと見られる。魏、鄭、趙への侵攻で武功を上げており、魏を攻めた際に敵将が城を捨てて逃げたため、捕えたあと斬首にしたという。一方、樗里子甘茂列伝では呂不韋から燕の宰相になるよう命じられるが、自分を恨んでいる趙の地を通過するのは危険という理由で拒否しており、細心な面もあったようである。

楚攻略戦で副将をつとめる

蒙武 （生没年未詳）

荘襄王や始皇帝に将軍として仕えた蒙驁の子にして、蒙恬・蒙毅兄弟の父。李信と蒙恬が楚の討伐に失敗したあと、前224年に王翦の副将として楚に侵攻。楚の将軍項燕を破って楚王負芻を捕え、楚の地をことごとく平定した。ただ、そのあと王翦は江南まで兵を進めて越国を滅ぼしているが、蒙武がどのような活動をしたのかはわかっていない。

始皇帝関連人物辞典 秦編

ファーストエンペラーの登場

～中国統一までの道のり～

始皇帝

ファーストエンペラーの登場
～中国統一までの道のり～

呂不韋の工作で 子楚そして趙正が即位

前259年、のちに始皇帝となる「趙正」が趙の邯鄲にて誕生した。

ドラマや小説では始皇帝の名はたいてい「嬴政」となっているが、「史記」秦始皇本紀や楚世家などは「趙政」としている。また、秦の時代には「政」ではなく、同音の「正」が使われていたという声が強まりつつある。

その根拠とされるのが近年出土した竹簡文書だ。君主の名は死後にその使用をさける習慣があるのだが、秦の時代の文書には「正」と書くべきところに別の文字をあてている部分が見られる。また、

「趙正書」と題した始皇帝について書かれた史料も発見されており、近年では「正」の字を使うケースが増えつつある。これらを踏まえて、本書では始皇帝の名は「趙正」と記している。

趙正の秦王即位に多大な貢献をしたのが呂不韋だ。一介の商人だったが、趙の人質になっていた趙正の父・子楚の将来性を見込み、全財産をつぎ込んで子楚が秦の太子となるべく工作した。

前250年、子楚の父・孝文王が即位のわずか3日後に急死したため子楚が荘襄王となり、呂不韋は国政を司る相邦に任ぜられた。ところが、荘襄王も3年後に急死。ついに趙正が秦王となり、呂不韋は後見として国政の実権を握った。

趙正が秦王となるまでの流れ

昭襄王26年（前281年）	安国君と夏姫の間に子楚が生まれる。のちに人質として趙の邯鄲に送られる
昭襄王42年（前265年）	このころ人質として邯鄲で暮らしていた子楚が呂不韋に見出される
昭襄王46年（前261年）	このころ呂不韋が華陽夫人から子楚を秦の世嗣とする約束を取りつける
昭襄王47年（前260年）	呂不韋の愛人だった趙姫を子楚が見初め、彼女を申し受けたいと呂不韋に願う
昭襄王48年（前259年）	邯鄲で趙正が誕生する。子楚が趙姫を夫人とする
昭襄王50年（前258年）	秦軍が邯鄲への攻撃を開始、呂不韋の工作により子楚が邯鄲を脱出する
昭襄王56年（前251年）	昭襄王が死去し、安国君が即位。子楚が太子となり、このころ正が秦に帰る
孝文王元年（前250年）	即位の3日後に孝文王が死去。子楚が即位し、正が太子となる
荘襄王3年（前246年）	荘襄王が死去し、正が秦王となる

趙正即位後の秦の外征と合従軍との激闘

　呂不韋が国政を担った時期の秦の政策で、特に注目すべきは巨大灌漑施設「鄭国渠」の建設だ。韓の間諜（スパイのこと）の鄭国が、秦の軍事力を削るため灌漑事業の実施を秦に進言。趙正即位の翌年の前245年より工事が開始された。

　途中、鄭国の正体が発覚するが、鄭国は「それでも、この事業は秦の利益になる」と力説して生きのびたという。かくして鄭国の水利事業は成功。完成した渠は「鄭国渠」と呼ばれ、秦をさらに富強にしたと『史記』河渠書は伝える。ただ、これだけの大事業が間諜によるものとは考えにくく、鄭国間諜説には疑問符が付けられている。

　こうした土木事業を進める一方、軍事行動も活発に行っている。趙正即位の年に蒙驁、王齮、麃公らを将軍とし、韓や魏にたびたび侵攻。前242年に魏の酸棗、燕、長平、山陽城などを落として秦の領土とし、この地に東郡を置いた。

　強大化する秦を警戒したのだろう。翌241年に楚の春申君が楚、趙、魏、韓、衛の5カ国連合軍を組織し、函谷関に攻め込んだ。同年に、趙の龐煖が指揮する趙・楚・魏・燕の4カ国の精兵部隊も秦に侵攻しており、おそらくこの両軍は連携していたと思われる。戦いの規模や秦側の武将などは不明だが、かなりの激戦が展開されたことだろう。

　しかし、秦軍はこれら連合軍を退けることに成功。報復として連合軍に参加した衛を攻め、衛の国君を野王という地に追放した。このように呂不韋は確かな手腕で秦の国政をけん引したのであった。

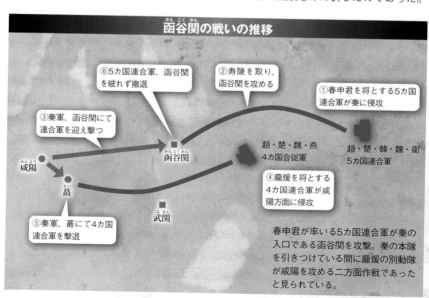

函谷関の戦いの推移

- ⑥5カ国連合軍、函谷関を破れず撤退
- ②寿陵を取り、函谷関を攻める
- ①春申君を将とする5カ国連合軍が秦に侵攻
- ③秦軍、函谷関にて連合軍を迎え撃つ
- 咸陽
- 蕞
- 函谷関
- 趙・楚・魏・燕 4カ国合従軍
- 趙・楚・韓・魏・衛 5カ国連合軍
- 武関
- ④龐煖を将とする4カ国連合軍が咸陽方面に侵攻
- ⑤秦軍、蕞にて4カ国連合軍を撃退

　春申君が率いる5カ国連合軍が秦の入口である函谷関を攻撃。秦の本隊を引きつけている間に龐煖の別動隊が咸陽を攻める二方面作戦であったと見られている。

第二章　ファーストエンペラーの登場

相次ぐ反乱と相邦・呂不韋の失脚

　前239年、秦王正の弟の長安君成蟜が趙の屯留という地で謀反を起こした。秦側の反応は早く、すぐさま乱を鎮圧。成蟜に従った軍吏はすべて斬首となり、屯留の民は臨洮という僻地に送られた。成蟜は自殺したが、屯留と蒲鶡の兵がまた反乱を起こしたため、秦軍はこれらの兵を皆殺しにして遺体をさらしたという。

　翌前238年、さらに大きな内乱が起きた。秦王正の母・趙姫の愛人で、呂不韋に匹敵する勢力を持つ嫪毐が反乱を起こしたのである。「史記」秦始皇本紀によると、秦王正が即位式を行う雍城の離宮を襲撃しようとしていたが、計画を知った秦王正が昌平君と昌文君に命じて咸陽にて嫪毐の軍を撃ったという。一方、呂不韋列伝は事前に密告する者があり、嫪毐とその一派をことごとく処刑したとなっているが、末尾のまとめでは太后の印璽を使って兵を集め、離宮で反乱を起こしたと書かれている。おそらく「史記」の作者の司馬遷も乱の実態ははっきりと分からなかったのだろう。

　乱鎮圧後、秦王正は嫪毐を車裂きの刑に処し、呂不韋も乱に関与したとして咸陽から追放。のちに自殺へと追い込み、政治の実権を握った。そのため、嫪毐の乱は呂不韋たちを排除すべく、秦王正のほうが仕掛けたという見方も存在する。

現在の咸陽

▲嫪毐の乱の舞台となったとされる秦の都・咸陽。趙正の戴冠式が行われた雍城が乱の舞台だったとも言われる。

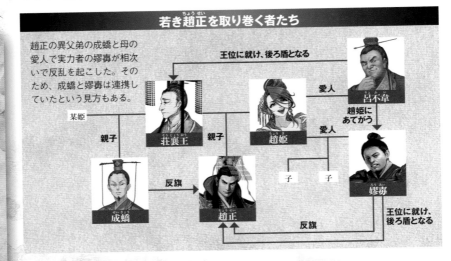

若き趙正を取り巻く者たち

趙正の異父弟の成蟜と母の愛人で実力者の嫪毐が相次いで反乱を起こした。そのため、成蟜と嫪毐は連携していたという見方もある。

王位に就け、後ろ盾となる

某姫 ── 親子 ── 荘襄王 ── 親子 ── 趙姫 ── 愛人 ── 呂不韋

趙姫にあてがう

呂不韋 ── 愛人 ── 嫪毐

成蟜 ── 反旗 ── 趙正

嫪毐 ── 反旗 ── 趙正

王位に就け、後ろ盾となる

子　子

わずか9年で六国が滅亡 秦が天下を統一する

前237年、親政を開始した秦王正は他国出身者を追放する「逐客令」を出した。「史記」李斯列伝は鄭国が間諜だったことが原因としているが、秦始皇本紀は嫪毐の乱がきっかけとなっている。おそらく後者が正しいのではないだろうか。なお、「逐客令」は他国出身者だった李斯の説得により、すぐに撤回されている。

前236年より秦王正は天下を統一すべく大規模な軍事行動を開始。前230年に韓を攻め滅ぼすと、続いて趙に侵攻した。秦軍は趙の李牧にたびたび煮え湯を飲まされており、このときも苦戦を強いられるが、讒言によって李牧を排除。前228年、ついに趙を滅ぼしたのである。

秦はさらに燕を攻める姿勢を見せるが、このとき燕の刺客・荊軻による秦王暗殺未遂事件が起きた。荊軻の目的は暗殺ではなく、秦王を脅迫して領土の返還を約束させようとしたと見られる。しかし、計画は失敗に終わり、前222年に燕は滅ぼされたのであった。

秦はその他の国にも侵攻。前225年に魏を滅ぼすと、大軍をもって楚に攻め込み、前223年に滅亡させた。そして、前221年に最後の一国となった斉を滅ぼし、ついに天下を統一したのである。最初に韓を滅ぼしてからわずか9年という、驚くべき速さの偉業達成であった。

秦帝国の誕生

▲天下を統一した趙正は臣下たちとともに中国全土の改革に乗り出す。この絵は趙正によって三公九卿と呼ばれる官職に任ぜられた者を描いた壁画。

秦の天下統一の歩みと同時期の七雄の勢力図

⑥前222年
代を滅ぼす
（事実上の趙滅亡）

⑤前222年
燕を滅ぼす

代

燕

②前228年
趙を滅ぼす

趙

斉

⑦前221年
斉を滅ぼす

魏

③前225年
魏を滅ぼす

秦

韓

①前230年
韓を滅ぼす

④前223年
楚を滅ぼす

楚

◀前230年の韓を皮切りに趙、魏、楚、燕、斉を次々に平定。戦国七雄としてしのぎを削ってきた六国を、9年ですべて滅ぼしたのであった。

始皇帝

しこうてい

統一を成し遂げたファーストエンペラー

生没年
前259年生～前210年没

武力 3
知力 5
政治 5
人格 3
気力 5

始皇帝が残した実績

しこうてい

初めて広大な天下を統一

始皇帝は天下に相当する広大な領域を統一した初めての人物である。「史記」では殷や周が、秦と同じような統一王朝のように語られているが、限られた領域を支配する周辺国のまとめ役のような存在だったと見られている。

多様な思想を取り入れる柔軟さを持つ

厳格な法治主義者というイメージの強い始皇帝だが、思想的にかなり柔軟で五徳終始説や老荘思想など、さまざまな思想を政策に取り入れている。儒学も同様で出土史料などから儒教的な教えを奨励していた跡が見られる。

敵地の中で過ごした 過酷な少年時代

500年にわたる春秋戦国時代を終わらせ、中国史上初となる統一国家を樹立。初めて「皇帝」を名乗った不世出の英雄・始皇帝は前259年に趙の邯鄲で生まれた。父はのちに荘襄王（53ページ）となる子楚、母は趙の豪族の娘とされる趙姫（54ページ）で、正月に生まれたので「趙正」と名づけられたという。

子楚は秦の太子・安国君（のちの孝文王、52ページ）の子で、趙で人質となっていたが、安国君は20数人もの子があり彼の人質としての価値は低かった。そのため、趙で冷遇されており、生活に困窮するありさまだったが、商用で邯鄲に来ていた呂不韋（56ページ）に見出され、彼の工作によって思いがけず安国君の後継となった。その際、子楚が呂不韋の愛人だった趙姫を願ってもらい受け、彼女との間に趙正が生まれたのであった。

なお、このとき趙姫は呂不韋の子を身ごもっており、その事実を隠して子楚に嫁ぎ、趙正を生んだと『史記』呂不韋列伝に書かれている。事実なら趙正の真の父は呂不韋ということになるが、これはただの俗説のようだ。

こうして趙正はこの世に生を受けたが、彼の生まれる前年に秦の将軍白起（24ページ）が趙兵40万人を生き埋めにした長平の戦いが起きている。さらに、邯鄲が秦軍に包囲される事態となっており、当然ながら邯鄲では秦への恨みが渦巻いていた。趙正たちもかなり危険な状態だったようで、父の子楚は呂不韋の力を借りて、どうにか邯鄲を脱出。趙正は母の実家に隠れ、母子ともども かろうじて生きのびたという。

この強烈な経験は趙正の心に大きな影を残したと思われる。のちに趙を滅ぼした際、趙正は自ら邯鄲に赴き、母の家を迫害した者たちを探し出して、すべて生き埋めに処している。それだけ幼き日の趙正にとって、邯鄲での日々は苦痛に満ちたものだったのだろう。

人物相関図

荘襄王 P.53		趙姫 P.54
	親子	

呂不韋 P.56 — 排除／擁立
成蟜 P.62 — 兄弟
子嬰 P.147 ← 孫?

始皇帝

趙姫 P.54

臣下

主な文官

李斯	P.130	尉繚	P.66
趙高	P.142	盧生	P.138
侯生	P.138	王綰	P.148
馮去疾	P.149	馮劫	P.150

主な武官

王翦	P.72	蒙驁	P.70
桓騎	P.76	李信	P.86
王賁	P.84	内史騰	P.81
楊端和	P.82	羌瘣	P.83
蒙恬	P.134		

親子

扶蘇 P.146 — 胡亥 P.144

始皇帝

呂不韋を排除して実権を握り六国を次々に滅ぼす

趙正は9歳のときに母の趙姫とともに秦に迎えられたと見られている。前250年、子楚の父・安国君が即位して孝文王となるが、その3日後に不慮の死を遂げ、子楚が即位して荘襄王となった。さらに、荘襄王も即位からわずか3年で亡くなり、ついに趙正が秦王となる。このときまだ趙正は13歳の少年だったため国政は相邦の呂不韋にゆだねられた。

前238年、秦王正が22歳のとき、秦を揺るがす一大事件が起きる。母趙姫の愛人だった嫪毐（64ページ）が反乱を起こしたのである。嫪毐は呂不韋の舎人（家来のこと）だった男で、呂不韋の差し金で趙姫の愛人になったという。やがて嫪毐は趙姫との間にふたりの子をもうけ、呂不韋に匹敵する存在となっていた。

絶大な力を持つ実力者が叛いたのである。秦にとってかなり危機的な状況だっ

一強となっていた秦

始皇帝即位ごろの秦の勢力圏

安邑
咸陽
洛陽
秦
蜀
郢

▲趙正即位時の秦は西の巴蜀および漢中、南は楚の都だった郢を領有。東と北にも領土を広げており、六国を圧する存在となっていた。

荊軻による秦王襲撃事件が起きる

武氏祠（後漢）に描かれた荊軻と秦王正

▲荊軻の目的は暗殺ではなく、秦王正に匕首を突き付けて脅し、燕の地を返すよう約束させることだったとも言われる。

たはずだが、秦王正はすみやかに乱を鎮圧。嫪毐と彼の子を処刑し、嫪毐の勢力もことごとく排除した。さらに、呂不韋も乱に関与したとして罷免し、国政の実権を握ったのである。もしかしたら、この乱は呂不韋と嫪毐を排除すべく、秦王正の側から仕掛けたのかもしれない。

親政を開始した秦王正はいよいよ天下統一に乗り出す。前230年に韓、その2年後に趙を併合。ところが、燕を攻めようとしていたとき、燕からの使者・荊軻による秦王暗殺未遂事件が起きた。秦王正との会見の際、地図に隠していた匕首を抜いて眼前の正に迫ったのである。正は窮地に陥るが、侍医が投げつけた薬袋に荊軻がひるんだすきに剣を抜いて荊軻を斬り、どうにか危機を脱したのであった。

激怒した秦王正は王翦らに燕を攻めさせ、前222年に滅ぼす。さらに魏、楚にも攻め込み、楚には苦戦したものの1年がかりで平定。最後に残っていた斉も前221年に滅ぼし、39歳にして天下統一を果たしたのである。

最初の「皇帝」となり巡行で中国全土を回る

　天下を統一した秦王正はそれまでの王号を廃止し、新たな称号を考案するよう李斯（130ページ）や王綰（148ページ）らに命じた。李斯たちは「泰皇」という称号を勧めるが、正は不満だったようで、古代中国の神話に登場する5人の帝王たち「五帝」から取った「帝」を使って、「皇帝」という号を自ら考案。最初の皇帝である「始皇帝」となった。

　始皇帝が「帝」の使用にこだわったのは、曽祖父の昭襄王（22ページ）が一時「西帝」を称していたことも大きかったと思われる。始皇帝は秦の天下統一の地歩を固めた昭襄王を尊敬し、かつ強く意識していたのかもしれない。

　この時期、始皇帝は郡県制の導入や度量衡の統一など、数々の統一事業を行っているが、特に注目すべきは中国全土を回った巡行だろう。皇帝の権威を示すことが目的だったが、好奇心旺盛な彼の性格も大きかったのではないか。もともと

　始皇帝はかなり行動的で、趙や楚を滅ぼした際、敵地に自ら足を運んでいる。皇帝になったあとも、わずかな護衛だけを連れて咸陽周辺に出かけ、盗賊に襲われたことがあったと「史記」にあるなど、非常にアクティブで宮廷に引きこもるようなタイプではなかったのだろう。

　「史記」によれば5度の巡行を行ったとされる始皇帝だが、そんな彼が特に強い感銘を受けたのが東方の海であった。秦や趙という内陸で育った始皇帝にとって、広大な海は大きなインパクトがあったのだろう。よほど心打たれたようで琅邪台や之罘山といった東方の海を望む山に秦の偉業を記した刻石を建てている。

　また、琅邪に滞在していたとき、方士の徐福（140ページ）から「東の海の彼方に仙人が住む神山がある」と聞き、仙人を探す船を出す許可を与えている。この神仙思想への傾倒は、不老不死を求めた始皇帝の傲慢さ、愚かさの表れとされがちだが、むしろ広大な海の向こうに何があるのかという好奇心が一番の理由だったのではないだろうか。

趙正自身が発案した「皇帝」号

始皇帝陵の石碑

　▲左の画像は「阿房宮・始皇帝故事絵画」に描かれた皇帝号について議論している趙正たち。現代になって立てられた秦始皇帝陵の石碑にも「始皇帝」の号が刻まれている（画像上）。こちらはユネスコの世界遺産指定のマークも入っている。

匈奴・百越との戦いと焚書坑儒

前215年より始皇帝は新たな対外戦争を開始する。きっかけとなったのは北方への巡行であった。北辺を直に見て、北方の領土奪取の必要性を感じたのだろう。始皇帝は方士の盧生（138ページ）による「秦を亡ぼす者は胡（匈奴のこと）なり」という予言を口実に蒙恬（134ページ）を将とした30万の兵を挙げ、匈奴への攻撃を開始したのである。

蒙恬は匈奴を破り、河南（現在のオルドス）などを占領したという。一方で始皇帝は南方の百越にも出兵。桂林、象、南海という3つの郡を新たに置いている。

かくして秦の領土はさらに拡大したが、匈奴・百越への侵攻は知識人らの批判の声も大きかったようだ。始皇帝は「学者たちが過去の知識を使って秦の政治を批判し、人民を惑わしている」という李斯の進言を容れ、秦の歴史の記録以外の史書や詩（経）・書（経）・百家の書をすべて焼却するよう命じた。いわゆる「焚書令」である。儒家への弾圧とされるこ

▲現在は砂漠となっているオルドスだが、当時は馬の生産・放牧に適した草原地帯であった。

とが多いが、あくまで戦時下の思想統制を目的としたもので、始皇帝は決して儒学に否定的ではなかった。出土史料などを見ると、むしろ彼は儒学の教えを積極的に取り入れていたことがうかがえる。

翌年、諸生（学者のこと）460余人を穴埋めにした坑儒事件も起きているが、これも始皇帝のもとから逃げた盧生と侯生（138ページ）が、始皇帝を誹謗したのが原因であった。「史記」儒林列伝も「術士を阬にした」と書いており、決して儒家だけを標的としたものではなかったのである。しかし、後代の儒者たちは自分たちの価値を高めようとして始皇帝の時代に迫害されたと喧伝した。そのため、始皇帝は儒者を弾圧した残虐非道な皇帝とされたのであった。

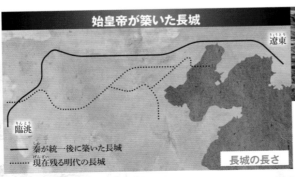

始皇帝が築いた長城

遼東

臨洮

―― 秦が統一後に築いた長城
‥‥‥ 現在残る明代の長城

長城の長さ

秦代の長城

◀▲始皇帝は蒙恬に命じて、臨洮から遼東までを繋いだ巨大な防壁を築かせた。これが万里の長城で秦の時代の長城は現在のものより北方にあった。

巡行中に病に倒れ、地下宮殿に葬られる

いかなる英雄も終わりのときがくる。前211年、始皇帝は人生最後となる5回目（「史記」による）の巡行に出た。

この前年は不吉なことが立て続けに起こっていた。東郡に隕石が落ちたのだが、その石に何者かが「始皇帝死して地分かる」と刻んだ。また、そのほかにも始皇帝の死を予言する者がいたという。

最後の巡行には、こうした不吉を祓うという目的もあったようだ。その規模は過去最大のもので、始皇帝は1年がかりで中国全土を回った。しかし、平原津という地で病に倒れ、沙丘の平台にて50年の生涯を終えたのであった。

始皇帝の亡骸は咸陽に運ばれ、驪山の北麓に葬られた。「史記」によると、宮中や百官の珍重な品々が運び込まれ、天井は天文、下は地理が具わっており、水銀で長江・黄河と大海を模し、永遠に流れ続ける細工がされたという。これらの

記述が事実かはわからないが、地下宮殿というべき大がかりな施設であったことは間違いないようだ。

現在も残る陵墓の墳丘は東西345メートル、南北350メートルという巨大なもので、地下深くにある墓室に始皇帝の遺体が納められたと考えられている。発掘自体はまだ行われていないが、地下空間の存在は確認されており、始皇帝の遺体や埋葬物が残されている可能性は大きいという。始皇帝は広大な地下世界で今も永遠の眠りの中にあるのかもしれない。

西安の始皇帝像

◀西安の始皇帝陵博物館の前に立つ始皇帝像。現在にいたる「中華」の基礎を作った英雄は、今も地下の宮殿で眠り続けているのだろうか。

地下宮殿に葬られた始皇帝

外城

内城

始皇帝陵

兵馬俑

始皇帝陵と兵馬俑の位置

兵馬俑3号坑　兵馬俑2号坑

兵馬俑坑

兵馬俑1号坑

兵馬俑坑は始皇帝陵の墳墓の東側、約1.5キロの位置にある。

◀▲中国側の調査で東西170メートル、南北145メートル、高さ15メートルの地下空間の存在が確認された。また、始皇帝陵の東方約1.5キロメートルの地点で兵馬俑が発見されている。

君主

在位わずか3日で没した始皇帝の祖父

孝文王
（こうぶんおう）

生没年
前303年生〜前250年没

武力 1
知力 3
政治 3
人格 3
気力 2

子楚を後継に指名 53歳で秦王となるが……

　昭襄王（22ページ）の息子で即位前の称号は安国君。太子だった長兄が他国で急死したため39歳のときに秦の太子となった。華陽夫人という女性を寵愛していたが、彼女との間には子がいなかった。そのため、華陽夫人の薦めに従い、夏姫という妃が生んだ子楚（53ページ）を自身の後継とした。

　昭襄王は非常に長命で、孝文王は53歳でようやく即位するが、その3日後に死去した。このことは同時代の史料にも書かれており、特に隠されていたわけではないようだが、死因は不明で不自然な感はいなめない。このとき孝文王の身に何が起きたのだろうか。

人物 相関図

華陽夫人

孝文王（こうぶんおう）

夏姫（かき）
親子
荘襄王（そうじょうおう）　P.53

趙姫（ちょうき）　P.54
親子
始皇帝（しこうてい）　P.46

　Illustration：池田正輝

荘襄王
「奇貨」として呂不韋に見出される

生没年
前281年生〜前247年没

武力 2
知力 3
政治 3
人格 2
気力 3

趙で人質生活を送るが
呂不韋の力で秦王となる

始皇帝（46ページ）の父で名は子楚。孝文王（52ページ）の数ある子のひとりにすぎず、趙で人質になっていたが、呂不韋（56ページ）の尽力により秦の次期太子となった。呂不韋の愛人だった趙姫（54ページ）に心奪われ、呂不韋に願って夫人にしており、この趙姫との間に生まれたのが始皇帝である。

父の孝文王が即位の3日後に急死したため、前250年に即位して荘襄王となったが、彼もまたわずか3年でこの世を去った。孝文王といい、あまりにも急すぎで、そこに若き始皇帝（当時は秦王）の補佐役として実権を握った呂不韋の影を感じるのは考えすぎだろうか。

人物相関図

夏姫　　孝文王　P.52　　華陽夫人

趙姫　P.54

親子　　　　　　　養母

愛人　　始皇帝　P.46　　荘襄王

親子

後ろ盾

呂不韋　P.56　　工作

趙姫
ちょうき

運命に翻弄された始皇帝の母

しこうてい

生没年
生年未詳〜前228年没

趙

秦

武力
1

知力
2

政治
2

人格
3

気力
3

趙姫が残した実績
ちょうき じっせき

呂不韋や荘襄王を虜にした美貌

非常に容貌が優れていたと伝わっており、その美貌は呂不韋、荘襄王、嫪毐という3人の男たちを魅了し、彼らの運命を変えることとなった。本人が意識したことではないだろうが、ある意味歴史を変えた女性であると言える。

秦の政事にも関与していた?

趙姫は秦王の母として呂不韋とともに実権を握っていた可能性がある。始皇帝は嫪毐の乱を鎮圧した際、当時の倫理観に反するものでありながら母を幽閉しているが、彼女を政治の中枢から排除する意図があったのかもしれない。

呂不韋の愛人だったが、荘襄王に愛され運命が変転

　始皇帝（46ページ）の母だが、名は伝わっておらず、趙の出身だったことから、本書では「趙姫」としている。踊りの上手な美しい女性で、呂不韋（56ページ）に見染められ彼の愛人になっていたが、のちに荘襄王（53ページ）となる子楚が趙姫に惚れ込み、呂不韋に頼み込んで彼女をもらい受けたのであった。

　このとき趙姫がすでに呂不韋の子を身ごもっており、その子がのちの始皇帝こと趙正だと「史記」呂不韋列伝は伝えるが、後世の作り話の可能性が高い。ともあれ趙姫は子楚の妻となり、前251年ごろに息子とともに秦に入国、趙正が即位すると太后となったのであった。

　ところが、趙姫は趙正が成人してからも呂不韋との関係を続けていたという。発覚を恐れた呂不韋は嫪毐（64ページ）という男を彼女にあてがった。やがて趙姫は嫪毐との間にふたりの子をもうけ

る。だが、前238年に嫪毐は秦に対して反乱を起こしたとして処刑。趙姫の産んだ子も惨殺されたのであった。

　呂不韋や嫪毐との乱れた関係から、趙姫は淫乱な毒婦とされがちだが、実は昭襄王（22ページ）の母の宣太后も、やはり夫の死後に愛人を持っている。また、ある女性が亡夫の棺の横で別の男性と関係を持ったが、罪には問われなかったという記録も残っており、趙姫の行為も当時の倫理観では不貞とされるものではなかったようだ。趙正も当初は趙姫を雍という地に幽閉したが、斉の論客に母への不孝を非難され、すぐに咸陽に戻している。夫を亡くした后妃が愛人や子を持つことよりも母を幽閉することのほうが、はるかに世間体が悪かったのである。

　こうしてみると趙姫は悪女などではなく、男たちの野心に翻弄され、わが子を奪われた哀れな女性のように思える。前228年、趙姫はひっそりとこの世を去った。くしくも始皇帝が彼女の母国である趙を滅ぼした年であった。

第二章　ファーストエンペラーの登場

趙姫

人物相関図

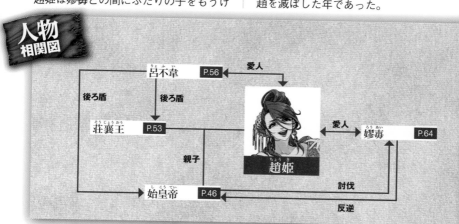

呂不韋　P.56　──愛人→
後ろ盾　　　後ろ盾
荘襄王　P.53　────
　　　　　　親子　　　趙姫　──愛人→　嫪毐　P.64
始皇帝　P.46　────　　　討伐
　　　　　　　　　　　　反逆

55

大国秦を買った不世出の豪商

呂不韋
りょふい

生没年
生年未詳～前235年没

武力 2

知力 4

政治 4

人格 3

気力 5

呂不韋が残した実績

商人ならではの巧みな人心掌握術

子楚が華陽夫人と面会することになった際、呂不韋は子楚に楚国の衣装を着せたという逸話が「戦国策」にある。楚は華陽夫人の故国で彼女は非常に喜んだという。このように呂不韋は非常に人心掌握術に長けていた。

「一字千金」の故事を生む

呂不韋は食客たちの知識を記録させた「呂氏春秋」の出来に絶対の自信を持っていた。彼は咸陽の市にこの書を陳列し、「一字でも増やすか減らすか出来る者がいたら千金を与える」と触れ回ったという。

全財産をつぎ込んで子楚を次期秦王にする

一介の商人でありながら大きな野心を抱き、一国の政治を牛耳った風雲児である。「史記」では韓の陽翟、「戦国策」では衛の濮陽の出身とされており、韓、魏、趙を拠点にさまざまな商品を仕入れては高値で売りさばき、千金の富をなすという大成功をおさめた。

呂不韋はどんな品が高値で売れるか見抜く、天才的な目利きだったのだろう。そんな彼が「奇貨居くべし（掘り出しものだから手に入れておこう）」と言って目を付けたのが、人質として趙の邯鄲に来ていた、のちの荘襄王（53ページ）こと子楚であった

子楚は秦の太子・安国君（のちの孝文王・52ページ）の子だったが、安国君には20余人もの子がおり、しかも子楚の母の夏姫は安国君の寵愛を失っていた。そのため、子楚は邯鄲で不遇をかこっており、将来性はないように見えた。し

かし、呂不韋は一国の君主を立てれば、その利益は無限であり、曲がりなりにも太子の子である子楚には投資する価値があると踏んだ。そして、子楚を秦の太子とすべく工作を開始したのである。

呂不韋は安国君が寵愛する華陽夫人に狙いを定めた。華陽夫人には安国君との子がなかったので、子楚を彼女の養子にしようと考えたのである。呂不韋は財産の半分を子楚に与えて有力者たちに名を売らせ、彼の評判を高めた。そして、残り半分の財産で珍奇な品々を購入し、それらをすべて華陽夫人に献じて接触の機会を作った。

華陽夫人と面会した呂不韋は「あなたが年老いたら太子の寵愛を失うかもしれない」と、子がいない后がいかに不安定か語り、趙での評判の高さを理由に子楚を後継に推した。この説得が功を奏し、華陽夫人は子楚を養子にすることを承諾。華陽夫人の後押しを受けた子楚は安国君の後継となり、全財産を投じた呂不韋の賭けは成功したのであった。

第二章 ファーストエンペラーの登場

呂不韋

人物相関図

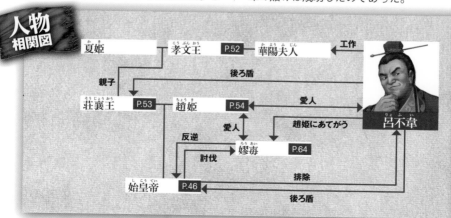

呂不韋

若き秦王正の補佐役として国政の実権を握る

ところで、呂不韋は邯鄲でひとりの美姫を愛人にしていたが、呂不韋の家に招かれた子楚が彼女に一目惚れしてしまい、自分に譲ってほしい願った。呂不韋は内心で腹を立てるが、ここで子楚の機嫌を損ねると、これまでの苦労が不意になると思い直し、怒りをこらえて愛人を子楚に譲ったのであった。

この愛人が始皇帝（46ページ）の母の趙姫（54ページ）で、このとき彼女はすでに身ごもっていて、生まれた子が始皇帝であったと「史記」呂不韋列伝は伝える。ただ、呂不韋列伝は始皇帝が生まれたのが、子楚が趙姫をもらい受けた「12カ月後」とあえて記しており、作者の司馬遷もほとんど信じてはいなかったのではないか。戦国四君のひとりである春申君（112ページ）にも似たような逸話があり、呂不韋が始皇帝の父という説は後世の作り話ではないかと見方が強まりつつある。

さて、昭襄王が没すると安国君が後を継ぎ、孝文王となった。ところが、孝文王は即位のわずか3日後に急死。ついに子楚が即位して荘襄王となるが、彼もまたわずか3年で死去した。ふたりの死はあまりにも早く、理由も不明のため何かが起きたのではないかと思われるが、「史記」には何も書かれていない。

ともあれ、荘襄王の子の趙正が秦王に即位するが、彼はまだ13歳だったので

呂不韋が編纂させた『呂氏春秋』

国立公文書館所蔵の『呂氏春秋』

▲儒家、道家、法家など諸家の説を総覧した全26巻からなる大著。当時の社会を知る重要な史料となっている。

呂不韋の出世の道のり

①商人として大成功

各地をめぐって商品を安く仕入れては高く売り、千金の富を得る

②全財産をつぎ込んで子楚を秦の太子にする

子楚の将来を見込んで彼に全財産を投資。子楚の名を売って評判を上げると秦に向かい、秦の太子安国君（のちの孝文王）の寵姫・華陽夫人に近づき、巧みな話術で子楚を養子にする約束を取りつける

③子楚の秦王即位にともない相邦に就任

子楚が即位して荘襄王となると最高職である相邦に就任。文信侯に封じられ、河南洛陽の10万戸を食邑（領地のこと）として与えられる

④趙正が即位、補佐役として政治の実権を握る

即位した趙正から仲父と呼ばれる。屋敷には下僕、召使1万人を抱え、3000人もの食客を招くなど揺るぎない存在となる

相邦の呂不韋が国政を担った。呂不韋は秦王正から「仲父（父に次ぐ存在）」と尊ばれ、彼の権力は頂点に達した。

嫪毐の乱をきっかけに権力の中枢から排除される

　即位した秦王正は積極的な外征を行い、魏の山陽などを攻略。さらに、韓から来たという鄭国（68ページ）の指揮のもと、巨大な灌漑水路「鄭国渠」の建設事業を開始するが、これらは相邦の呂不韋が執り仕切ったと思われる。

　この時期、呂不韋は1万人もの下僕を抱え、食客も3000人に達したという。さらに食客たちの得てきた知識を記録させ、「呂氏春秋」という書にまとめるなど、知識人的な活動も行っている。

　絶大な権力と名声を手にした呂不韋だが、太后となった趙姫との関係はいまだ続いていたという。ことの発覚を恐れた呂不韋は舎人（家来のこと）の嫪毐（64ページ）を宦官に仕立てて後宮に送り込み、趙姫のそばに仕えさせた。嫪毐は趙姫に気に入られ、彼女との間にふたりの子をもうけた。さらには長信侯に封じられ、大勢の食客を抱えるなど、呂不韋に匹敵する勢力になったのである。

　前238年、嫪毐が反乱を企てているという告発があり、嫪毐とふたりの子は処刑。呂不韋も関与したとして相邦の地位を追われ、領地である河南に追放となった。この乱は今も謎が多く、呂不韋、嫪毐、趙姫をまとめて国政から排除し、自身が実権を握るため、秦王正の側が仕掛けたとの説も存在する。

　それまでの功績が評価され、死罪はまぬがれた呂不韋だったが、その後も多くの者が彼のもとを訪問したという。呂不韋の影響力を恐れた秦王正は、ついに西の僻地である蜀に移住するよう命令。自らの終わりを悟った呂不韋は毒をあおいで自殺したのであった。

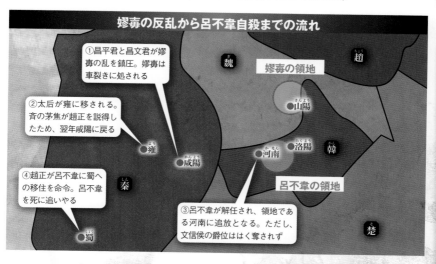

嫪毐の反乱から呂不韋自殺までの流れ

①昌平君と昌文君が嫪毐の乱を鎮圧。嫪毐は車裂きに処される

②太后が雍に移される。斉の茅焦が趙正を説得したため、翌年咸陽に戻る

④趙正が呂不韋に蜀への移住を命令。呂不韋を死に追いやる

③呂不韋が解任され、領地である河南に追放となる。ただし、文信侯の爵位ははく奪されず

魏　趙　韓　楚　秦　蜀
嫪毐の領地　山陽　洛陽　河南　咸陽　雍
呂不韋の領地

蔡沢（さいたく）

巧みな話術で范雎を引退させた知恵者

生没年
生没年未詳

秦

武力 1
知力 5
政治 4
人格 4
気力 3

蔡沢が残した実績

雄弁かつ強気な性格

あるとき占い師に人相を見てもらうが「自分が富貴を得るのは決まっていることだ、わからないのは寿命だ」と豪語。占い師が「あと43年だ」と答えると、「富貴を極めて43年も生きられるなら十分だ」と言い放ったという。

范雎相手に白起の話題をぶつける

范雎に出処進退の重要さについて述べた際、白起を例に挙げて説明。白起を自殺に追い込んだのは范雎であり、自身の行動を省みさせることで、大きな成功を遂げた者は他者の不興を買うことを強く自覚させたのである。

功成りて身を引いた
出処進退の達人

　燕出身の遊説家にして、処世術の達人として知られる。仕官先を求めて諸国をめぐるが、なかなか用いられず、趙、魏、韓などを転々としていたという。

　そのころ秦では、宰相の范雎（32ページ）が推薦した鄭安平と王稽が重罪を犯すという事件が起きていた。秦の法律では推薦者も同罪となるが、昭襄王（22ページ）が不問に付したため范雎は罪に問われなかった。しかし、范雎は自身の失態に深く恥じ入っていた。

　この話を聞いた蔡沢は「自分は世にもまれな知恵者で、秦王にお目通りすれば范雎に取って代わるだろう」と、言って回った。范雎が興味を持つだろうと踏んだのである。はたして蔡沢の読み通り、范雎は彼を呼び出して自分に取って代わると言った理由を問うた。

　蔡沢は商鞅（18ページ）や白起（24ページ）らの名を挙げ、「彼らは功が成っても身を引けなかったから、わざわいに見舞われたのだ」と説明。范雎も秦の宰相として功業を極めたのだと語り、ここで身を引かなければ商鞅や白起らと同じ運命をたどるだろうと述べた。この蔡沢の言葉に心動かされて范雎は引退を決意。自身の後継として、蔡沢を昭襄王に推薦したのであった。

　かくして蔡沢は秦の宰相となり、彼の献策によって昭襄王は周の地を得ることに成功する。しかし、自身をそしる者が現れると、蔡沢はすぐさま宰相の地位を返上した。范雎への忠告どおり、自身もまた功成りて身を引いたのである。見事な処世術と言うべきだろう、

　その後も蔡沢は綱成君と号し、10余年にわたって秦のために尽くした。秦王となった始皇帝（46ページ）にも仕えており、使者として故郷の燕におもむき、太子丹（107ページ）を人質にする交渉をまとめている。最期は不明だが、これほどの処世術の達人である。きっと天寿をまっとうしたことだろう。

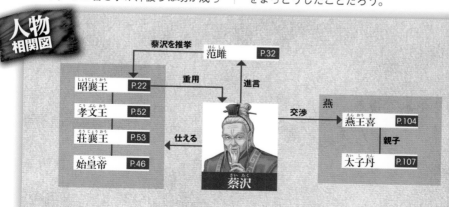

人物相関図

蔡沢を推挙 → 范雎 P.32

昭襄王 P.22 ─ 重用 ─ 進言

孝文王 P.52

荘襄王 P.53 ─ 仕える

始皇帝 P.46

蔡沢 ─ 交渉 → 燕　燕王喜 P.104

親子

太子丹 P.107

成蟜

せいきょう

兄・始皇帝に叛いて反乱を起こす

生没年
生年未詳〜前239年没

武力 3
知力 3
政治 2
人格 3
気力 3

成蟜が残した実績

兵たちに慕われる人物だった？

謀反が失敗に終わり、成蟜が自害すると兵卒たちがまた秦への反乱を起こしたと「史記」秦始皇本紀は伝える。この部分は別の解釈もするが、もし事実だとしたら、それだけの人望を持つ人物だったのではないだろうか。

嫪毐と連携しての反乱だった？

成蟜の乱の翌年に、秦王時代の始皇帝にとって最大の内乱である嫪毐の乱が起きている。あまりにタイミングが近いことから、成蟜と嫪毐が連携していて、成蟜の乱に乗じて嫪毐は咸陽で決起する作戦だったという説も存在する。

反乱の規模も理由も不明
すべてが謎の始皇帝の弟

　荘襄王（53ページ）の子で、母は不明。始皇帝（46ページ）の異母弟にあたるが、長安君に封じられていたことだけしかわかっていない、謎多き人物である。

　ひとつだけはっきりしているのは、彼が秦王だった兄に叛いたということである。前239年、成蟜は軍を率いて趙に侵攻する。これは秦王正の命を受けての軍事行動だったと思われる。ところが、成蟜は趙の屯留という地で、民を従えて反乱を起こした。秦はすぐさま討伐の兵を送り、乱を鎮圧。成蟜は討たれ、彼に従った軍吏はすべて斬首に処された。さらに屯留の民も、すべて臨洮という西の僻地へ送られている。また、成蟜が自殺したあと屯留と蒲鶮にいた兵が再び乱を起こしたため秦軍は彼らを皆殺しにし、さらに遺体を傷つけて辱めたという。

　以上が成蟜の乱の経緯とされているが、この部分の「史記」の記述は非常に解釈が難しく、壁という名の将軍が死んだことから屯留と蒲鶮の兵がまた反乱を起こしたという読み方も存在する。新しい史料も見つかっていないため、どちらが正しいのか現在でもわかっておらず、成蟜の人物像と同様、乱の実態もいまだ謎に包まれているというのが実状だ。

　成蟜が反乱を起こした理由も不明だ。マンガ「キングダム」では、成蟜が自分の血筋に誇りを持っており、身分の低い趙姫（54ページ）を生母とする趙正が、自分を差し置いて秦王になったことへの不満をくすぶらせていたが、案外これが反乱の動機だったのかもしれない。創作とはいえ説得力があり、完全な的外れとは言えないのではないだろうか。

　実際、秦王正と成蟜の間に、ある種の確執があったことは間違いないようだ。反乱を起こした兵の遺体を傷つけた行為について「史記」は「屍を戮す」という言葉を使っており、かなり残酷な行為に及んだことがうかがえる。それだけ秦王正の成蟜への怒りは激しかったのだろう。

人物相関図

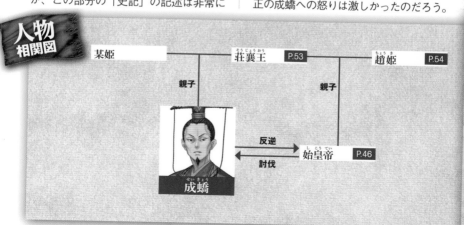

某姫 ── 荘襄王 P.53 ── 趙姫 P.54

親子　　　　　　　　　親子

成蟜 ──反逆→ 始皇帝 P.46

←討伐──

嫪毐
（ろう　あい）

絶倫のみが伝説として残る不思議な反乱者

生没年
生年未詳〜前238年没

秦

武力 3

知力 3

政治 3

人格 2

気力 4

嫪毐が残した実績

呂不韋に次ぐ一大勢力となる

長信侯に封じられた嫪毐は数千人もの下僕を抱え、舎人となった食客も千余人を数えたという。さらに東の要衝である山陽、太原郡の地を与えられ、車馬や衣服の自由な使用を認められるなど呂不韋に次ぐ絶大な権力を有した。

始皇帝から仕掛けた乱だった？

嫪毐の乱を始皇帝はすみやかに鎮圧し、嫪毐の一党を徹底的に排除した。もしかしたら反乱は口実で、最初から嫪毐の粛清が目的だったのかもしれない。それだけ始皇帝にとって嫪毐の存在は脅威だったのだろう。

　Illustration：長内佑介

呂不韋に劣らぬ力を持った趙姫の愛人の実像とは?

　始皇帝の母・趙姫（54ページ）は始皇帝（46ページ）が成人してからも、元愛人である呂不韋（56ページ）との関係を続けていた。発覚を恐れた呂不韋は趙姫の相手役として、自分の舎人（家来のこと）だった巨根の男をあてがう。それが嫪毐であったと言われている。

　趙姫の寵愛を得た嫪毐は長信侯に封じられ、山陽の地を与えられるなど、呂不韋に匹敵する権勢を誇った。やがて、趙姫との間にふたりの子をなし、この子らを王にすべく反乱を計画。しかし、事前に露見したためあえなく鎮圧され、車裂きの刑に処されたという。

　さて、嫪毐といえば自分の一物に巨大な車輪を引っかけて歩いたという逸話が特に有名で、巨根の絶倫男が分不相応な野心を抱いたとして悪しざまに語られがちである。だが、それだけで呂不韋に並ぶほどの権勢を誇ることができるだろう

か。実際、嫪毐の乱が鎮圧された際、4千余りもの家族が処罰の対象になっており、それだけの実力と人望を持つ人物だったと見るのが妥当だろう。

　また、始皇帝は嫪毐に対して、単なる反乱者以上の複雑な感情を持っていたようだ。出土史料で新たに見えた「奸乱」という言葉が、嫪毐の乱を指しているのではないかというのだ。「奸」という字には「正規の結婚ではない」という意味があり、嫪毐と趙姫の関係を指しているという。こんな言葉をわざわざ使っているところに始皇帝の思いが表れているというのはうがちすぎだろうか。

　さらに、始皇帝は天下を統一した年に、母親の再婚者を「仮父」と呼んではいけないという法令を出している。嫪毐が酔って自分は始皇帝の仮父だと口走ったという逸話が漢代の文献にあり、これが本当だったとしたら、この法令は嫪毐を意識したものだったのかもしれない。それほど始皇帝にとって、嫪毐は忌々しい存在だったのだろう。

嫪毐

人物相関図

呂不韋　P.56　　趙姫にあてがう

後ろ盾　　　愛人

荘襄王　P.53 ── 趙姫　P.54　　愛人

親子

後ろ盾　　　　討伐

始皇帝　P.46　　反逆

嫪毐

政治家

尉繚（うつりょう）

始皇帝像を決定づけた有名な言葉を残す

生没年
生没年未詳

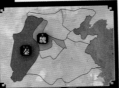

武力 2
知力 4
政治 4
人格 3
気力 3

尉繚（うつりょう）が残した実績

謎に包まれた尉繚の実像

始皇帝に仕えた尉繚は謎多き人物だ。「尉繚子」を著した尉繚とは別人だった、別人ではあるが何らかの血縁関係はあった、「史記」の作者が名前を間違えたなど、さまざまな説が存在しており、どんな人物だったのかはわかっていない。

始皇帝に気に入られた尉繚

「とても長くつき合える人ではない」などと始皇帝を酷評した尉繚だが、始皇帝は尉繚を強引に秦に引き留め、彼の計略を用いて李斯に実行させたと「史記」は伝える。よほど尉繚のことが気に入ったのだろう。

　Illustration：四四一よよ

天下統一の策を進言 始皇帝に厚遇されるが……

　尉繚は魏の都である大梁出身の知識人である。始皇帝（46ページ）が親政を開始した前238年に秦を訪れ、始皇帝（このときは秦王）に天下統一のための策を進言したという。

　尉繚は諸国が合従することの危険性について述べ、諸国の家臣たちを買収して合従の策を崩すべきと説いた。感心した秦王正は彼を厚遇するが、尉繚はすぐに秦を去ろうとする。このとき秦王の印象について語ったとされる言葉が残っており、それは次のようなものだった。

　「秦王は蜂のように鼻が高く、目は切れ長、クマタカのように胸が厚く、山犬のような声をしている。恩情に薄く、心は虎狼のようで、困窮しているときは謙虚だが、志を遂げれば人を食らうような態度になるだろう」

　後世の暴君始皇帝のイメージを決定づけた有名な言葉だが、この尉繚という人物はいろいろ謎が多い。「尉繚子」という兵法書の作者とされるが、書の中に始皇帝の時代より100年以上前の人物との対話があり、始皇帝について語った尉繚と同一人物とは考えにくい。そのため、この尉繚の始皇帝評も本当に始皇帝と同時代の人間のものだったのか、疑問視する声も少なくない。

　ちなみに、秦を去ろうとした尉繚だったが、結局引き留められて秦の国尉（軍事長官）になったという。その後、尉繚がどうなったかはわかっていない。

明代に描かれた始皇帝

「三才図会」の始皇帝像

▲暴君のイメージで描かれた「三才図会」の始皇帝像。始皇帝の時代よりもはるかに後の明代に描かれたもので同時代の肖像ではない。
国立公文書館デジタルアーカイブより

第二章　ファーストエンペラーの登場

尉繚

人物相関図

尉繚　　　　　始皇帝 P.46　　　　　李斯 P.130

献策 →
← 重用

尉繚の策を実行させる →

67

技術者
韓（かん）からやって来た水利技術者
鄭国（ていこく）

生没年	生没年未詳

武力 1
政治 3
気力 5
人格 4
知力 4

秦　韓

鄭国（ていこく）が残した実績

他国人追放の原因になった？

鄭国のスパイ発覚が原因で他国人を危険視する声が高まり、他国出身の人間を追放する逐客令（ちくかくれい）が出されたと「史記」李斯列伝は伝える。だが、逐客令は嫪毐（ろうあい）の乱の翌年に出されており、こちらがきっかけだったと見るのが妥当だろう。

鄭国渠（ていこくきょ）の造営に最高の技術を投入

長大な鄭国渠（ていこくきょ）の造営には、のちの長城建設よりも高度な技術が用いられたと考えられている。その技術は始皇帝陵の地下宮殿の建設にも応用されており、当時の最高の人材と技術を投入した一大事業だったことがうかがえる。

一大事業を成し遂げ秦の中華統一の基盤を築く

秦に多大な利益をもたらしたとされる水利技術者だが、韓の間諜だったとも言われる人物である。韓は小国で、常に秦の脅威にさらされてきた。秦の力を恐れた韓は、大規模な土木工事を行わせて秦の財力を削ぎ、軍事行動を起こせないようにしようと考え、鄭国を秦に送り込む。鄭国は300余里（約120km）の巨大な渠（灌漑水路のこと）の造営を秦に勧め、これを認めさせたのであった。

前246年、渠の建設が開始される。当時はまだ始皇帝（46ページ）が幼かったので、計画を主導したのは呂不韋（56ページ）だったと思われる。ところが、工事の途中、鄭国が間諜であることが発覚してしまう。鄭国は処刑されそうになるが、間諜であることを認め、それでも渠の建設は秦にとって大きな利益になると説いた。この主張が認められ、生きのびた鄭国はその後、10数年にわたって工事を続けた。そして、ついに渠が完成し、関中は豊かな土地になって凶作がなくなり、秦の国力はさらに増強。のちの天下統一の基盤となり、この渠は「鄭国渠」と呼ばれたという。

鄭国渠はその後もさまざまな改修が行われ、驚くべきことに2200年を経た現在も水路として利用され続けている。いかに優れた技術が導入されたがわかるだろう。これほどの国家事業を一介の間諜が指揮したとは考えにくく、現在では鄭国間諜説には疑問が持たれている。

秦を豊かにした鄭国渠

涇水と涇恵渠（現在の鄭国渠）

▲鄭国の水利事業は秦をさらに富強にし、始皇帝の天下一統を可能にした。鄭国渠は今も現地で生き続けており、現在は涇恵渠と呼ばれている。

第二章　ファーストエンペラーの登場

鄭国

人物相関図

韓　→　秦に送り込む?

鄭国

溝渠事業を献策　→
←　工事を任せる

始皇帝　P.46

69

蒙驁（もう　ごう）

若き秦王正を支えた古参の武将

生没年
生年未詳～前240年没

武力 4
知力 3
政治 3
人徳 4
気力 4

蒙驁が残した実績

秦の領土拡大に大きく貢献

荘襄王即位の年からほぼ毎年出兵しているが、信陵君率いる5カ国連合軍との戦い以外はすべて勝利している。とくに始皇帝が秦王になったあとの戦果は抜きん出ており、東の要衝である東郡を置くなど秦の領土拡大に大きく貢献した。

息子と孫も武将として活躍

蒙驁の息子の蒙武も秦に仕え、王翦の楚攻略で副将を任されている。孫の蒙恬も名将の呼び声が高く、前215年から始まる始皇帝の匈奴攻略でかくかくたる戦果を上げるなど、3代にわたって秦を支える活躍を見せた。

荘襄王の時代に頭角を現し、多大な軍功を上げる

　秦の武将で子の蒙武、孫の蒙恬（134ページ）と蒙毅（151ページ）も秦に仕えた名門の一族である。「史記」蒙恬列伝では斉から移ってきて昭襄王（22ページ）に仕え、荘襄王（53ページ）が即位した前249年に将軍になったという。一方、秦始皇本紀は始皇帝（46ページ）が秦王になった前246年に王齕、麃公らとともに将軍に任ぜられたとしており、どちらが正しいかはわからない。

　ただ、荘襄王の時代から将として頭角を現し始めたのは確かで、前249年に韓を伐って成皋と榮陽を秦の領土とし、この地に三川郡を置いた。翌年にも魏の高都と波を攻略し、さらに趙の楡次・新城・狼孟を攻めて37城を得ている。しかし、前247年に秦に侵攻してきた魏の信陵君（38ページ）率いる5カ国連合軍には敗れており、白起（24ページ）や王翦（72ページ）のような常勝不敗と

いうわけではなかったようだ。

　とはいえ良将であったことは確かで、始皇帝の時代になってからも数々の戦いに主将として参加している。始皇帝が即位した前246年に晋陽で起きた反乱を平定すると、その2年後に韓に侵攻して12城を攻略。さらに魏の暢、有詭を攻め、翌年にこれらの地を取っている。前242年にも魏に侵攻し、酸棗、長平、山陽城など20城を平定。これらの地を秦のものとし、東郡を置いた。

　このように始皇帝時代の蒙驁は連戦連勝で抜きんでた戦果を上げている。とくに戦略上の要衝である東郡を取った功績は大きく、この時期の始皇帝や呂不韋にとって、もっとも頼りになる武将だったのではないだろうか。

　前241年、秦は函谷関に押し寄せた楚、韓、魏、趙、衛の5カ国連合軍を撃退しているが、このときも蒙驁が軍の指揮を取ったのではないかと思われる。翌年にも龍・孤・慶都という地を攻めるが、そのさなかに死去した。

第二章　ファーストエンペラーの登場

蒙驁

人物相関図

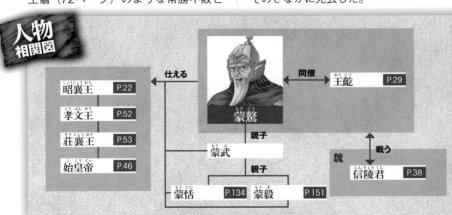

昭襄王　P.22
孝文王　P.52
荘襄王　P.53
始皇帝　P.46

仕える

蒙驁

同僚　王齕　P.29

親子　蒙武

親子

魏　信陵君　P.38

戦う

蒙恬　P.134　蒙毅　P.151

王翦

おう　せん

秦を統一へと導いた不世出の名将

生没年
生没年未詳

秦

武力 5

知力 5

政治 4

人格 4

気力 4

王翦が残した実績

趙と楚という2大強国を滅ぼす

王翦は六国の中でも特に手強い趙と楚を滅ぼしている。ことに楚には手を焼いたようで、攻め込んでから楚王負芻を捕えて楚の地を平定するまで1年もかかっている。この強国を討伐した王翦の功績は非常に大きかったと言えよう。

本当に60万もの兵を動員？

王翦は楚討伐時に60万の兵を出したと『史記』白起王翦列伝に書かれている。これは統一後に行われた匈奴攻めの30万の2倍である。たとえ大国の楚が相手といえども、本当にこれほどの兵力を要したのだろうか。

若いころから兵法を好み 鄴攻略の主将を任される

始皇帝（46ページ）の天下統一にもっとも貢献した武将で、息子の王賁（84ページ）、孫の王離（154ページ）と三代にわたって秦に尽くしたことで知られる。「史記」では春秋戦国時代屈指の名将である白起（24ページ）とともに列伝を立てられており、白起と並び称されるほどの存在だったことがうかがえる。白起は大きすぎる武勲が警戒を呼び、主君から死を賜る結果となったが、王翦は保身の術にも長けた老練な武将であった。

王翦は頻陽の東郷という地の出身で、若いときから兵法を好んでいたという。具体的な時期は不明だが、秦王時代の始皇帝に仕え、やがて秦軍の中で頭角を現していったようだ。

武将としての活躍は前236年の趙侵攻から始める。王翦は桓齮（76ページ）、楊端和（82ページ）と趙の鄴という都市を攻めて9城を落とすと、単独で閼与、橑楊などを攻略。さらに全軍をいったんまとめ、功労の少ない兵を帰らせて精鋭部隊で鄴、安陽を攻め落としたという。ただ、白起王翦列伝では閼与の攻略を王翦の手柄として上げている。その後の鄴、安陽攻略の中心は桓齮だったのかもしれない。この2年後、秦は趙への侵攻を本格化させるが、主将となったのは桓齮で、再び王翦が趙討伐の主将を任されたのは前229年のことであった。

東の強国・趙を滅ぼし、燕の都も落とす

王翦は楊端和、羌瘣（83ページ）と趙に攻め入り、上郡の兵を率いて井陘という地を攻略。さらに楊端和が河内の兵で趙都の邯鄲を囲み、羌瘣が代の地を攻めるが、応戦する趙の李牧（96ページ）と司馬尚（101ページ）を攻めあぐねた。このままでは埒が明かない——そう考えた王翦は趙王の寵臣である郭開（102ページ）を買収し、李牧らが秦に寝返ろうとしていると讒言させたのである。こ

人物相関図

始皇帝 P.46

仕える

桓齮 P.76 ｜ 楊端和 P.82

羌瘣 P.83 ｜ 李信 P.86

蒙恬 P.134

同僚

王翦

親子

王賁 P.84

親子

王離 P.154

戦う 燕

戦う 趙

李牧 P.96

司馬尚 P.101

戦う

楚

項燕 P.116

れにより李牧は誅殺され、司馬尚も罷免となった。王翦はこうした謀略も得意とする武将であった。

これで王翦らを阻むものはなくなった。李牧誅殺の3か月後、王翦は李牧に代わって将となった趙葱と顔聚に勝利。羌瘣とともに趙の地をことごとく平定し、趙の幽穆王を捕えた。さらに、燕を攻めるべく中山に駐屯したのである。

前227年、王翦は李信（86ページ）や息子の王賁（84ページ）らとともに燕討伐に乗り出す。王翦は易水の西にて燕・代連合軍を破ると、王賁に命じて燕都の薊を攻撃。太子丹（107ページ）の軍を破って薊を陥落させた。燕王喜（104ページ）が遼東に逃げたため、このあと兵を引いたが、燕はもはや滅亡寸前で、5年後に王賁に滅ぼされている。

王翦

秦王にこわれて将軍に復帰 楚の猛将・項燕を破る

前225年、秦は南の大国・楚討伐の兵を挙げるが、王翦は楚の攻略には60万の兵力が必要と考えていた。だが、秦王正は王翦の意見を退け、「20万で十分」という李信に主将を任せてしまう。自分の意見が容れられなかった王翦は老いと病を理由に隠居し、李信は20万の軍勢を率いて楚に向かった。

ところが、李信の軍は楚軍の奇襲にあって大敗してしまった。秦王正は王翦に何度も自身の無礼をわび、60万の兵が必要という王翦の要求を全面的に認めた。このとき、王翦は楚討伐の褒美として美しい田畑と邸宅を望み、函谷関に着いてからも褒美を願う使者を5回も秦王

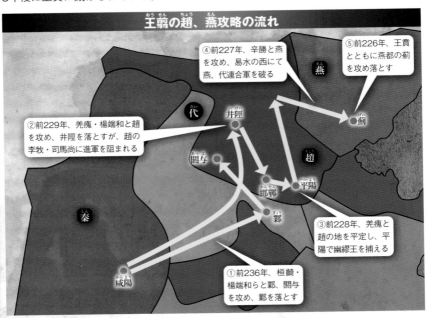

王翦の趙、燕攻略の流れ

④前227年、辛勝と燕を攻め、易水の西にて燕、代連合軍を破る

⑤前226年、王賁とともに燕都の薊を攻め落とす

②前229年、羌瘣・楊端和と趙を攻め、井陘を落とすが、趙の李牧・司馬尚に進軍を阻まれる

③前228年、羌瘣と趙の地を平定し、平陽で幽繆王を捕える

①前236年、桓齮・楊端和らと鄴、閼与を攻め、鄴を落とす

燕　代　趙　秦　薊　井陘　閼与　邯鄲　平陽　鄴　咸陽

正に送ったという。見かねた部下が苦言を呈すると、王翦はこう答えた。

「王は疑り深い。その王がすべての兵を私に任せているのだ。だから、褒美を願って蓄財をはかる小者に見せて、疑われないようにしなければならんのだ」

秦王正の疑念をかわした見事な保身術として知られる有名な故事だが、始皇帝はさほど猜疑心が強い人物ではなかったようだ。王翦が保身術に長けていたのは確かだろうが、始皇帝のほうも王翦が楚の攻略に専念できるようにという配慮があったのではないだろうか。

ともあれ王翦は前224年に副将の蒙武とともに楚に侵攻した。楚の項燕（116ページ）は国中の兵を総動員して迎撃に出るが、王翦は守りを固めて戦おうとせず、陣中では兵たちに十分な飲食と休息を与えていたわった。いくら攻撃を仕掛けても秦軍が応戦してこないので、攻める気はないと判断したのだろう。項燕は

引き上げようとするが、このときを狙って王翦は全軍を出撃させた。

陣中で英気を養い、気力十分の秦軍は楚軍を打ち破り、蘄水の南で項燕を討ち取った。この勝利に乗じて王翦は楚の城を次々に攻略。1年余りのちに楚王負芻を捕え、楚を滅ぼしたのである。さらに南下して江南の地を平定し、越国の君主を降伏させ、この地に会稽郡を置いた。前222年のことであった。

楚を滅ぼした王翦

阿房宮壁画の王翦の楚討伐
▲王翦の楚討伐を描いた壁画。上部には李信らの敗走、中央には秦王が王翦に将軍復帰を願っているところが描かれている。

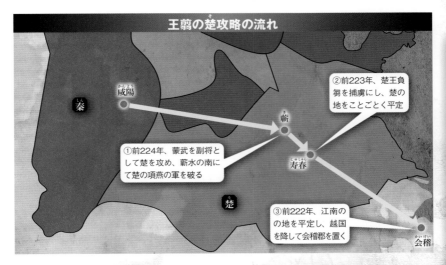

王翦の楚攻略の流れ

咸陽

秦

蘄

寿春

楚

会稽

①前224年、蒙武を副将として楚を攻め、蘄水の南にて楚の項燕の軍を破る

②前223年、楚王負芻を捕虜にし、楚の地をことごとく平定

③前222年、江南の地を平定し、越国を降して会稽郡を置く

桓騎
かんき

趙との戦いで活躍した秦の将軍

生没年
生没年未詳

武力 4
知力 4
政治 3
人格 3
気力 4

桓騎が残した実績
かんき

次代の秦軍を担うと目されていた？

桓騎が将軍に任ぜられた件は「史記」秦始皇本紀に見られるが、将軍となったことが書かれている武将はさほど多くはない。それだけ桓騎の将軍就任は大きな出来事で、次代の秦軍を担う存在と期待されていたのではないだろうか。

趙に大打撃を与えた桓騎の進撃

趙の都・邯鄲に近い鄴を攻略し、平陽、武城を平定。北の赤麗と宜安も攻めるなど、趙侵攻における桓騎の戦果は非常に大きく、最後は李牧に敗れたものの、強国・趙にかなりの打撃を与えたことは間違いない。

趙攻略の主将を任されるが、名将李牧に不覚を喫する

　趙との戦いで活躍した秦の武将である。呂不韋（56ページ）が罷免され、始皇帝（46ページ）が親政を開始した前237年に将軍となっており、始皇帝からかなりの期待をかけられていたのではないかと思われる。

　実際、桓齮は将軍に任ぜられた次の年に王翦、楊端和とともに趙の鄴という地の攻略を任されており、将として鄴、安陽、垣を落としている。この功が認められたのだろう。前234年には主将として趙の平陽に侵攻。趙の将軍・扈輒を討ち取り、10万もの趙兵の首級を挙げている。

　このとき桓齮がどのような戦い方をしたのか「史記」にも「戦国策」にも書かれていない。ただ、10万の兵の首を取るというのは尋常ではなく、非常に苛烈な武将だったのではないだろうか。

　破竹の勢いの桓齮は、その年の10月に再び趙に攻め入り、前233年に平陽と武城の平定に成功。さらに、北上して赤麗と宜安という地を攻めた。この桓齮の攻勢に趙も危機感を覚えたのだろう。匈奴との戦いで名を上げた、名守将と名高い李牧（96ページ）に迎撃を命じた。かくして桓齮は肥下という地で、李牧率いる趙軍とぶつかったのであった。

　この戦いで桓齮はついに敗れた。両者の間で、どのような攻防が繰り広げられたのかは不明で、「戦国策」には「李牧が桓齮を殺した」とのみ書かれている。ただ、「史記」趙世家では桓齮を「退けた」、廉頗藺相如列伝では「敗走させた」とあり、桓齮の生死は不明となっている。

　そのためだろうか、秦から燕に亡命して荊軻（108ページ）の秦王暗殺計画に協力した樊於期（106ページ）が、桓齮だったとする説も存在する。桓齮が敗北した次の年に、樊於期が歴史に登場してくることから、このような俗説が生まれたのだろう。ただ、証拠となるような史料は見つかっておらず、やはり李牧との戦いで戦死したのではないだろうか。

人物相関図

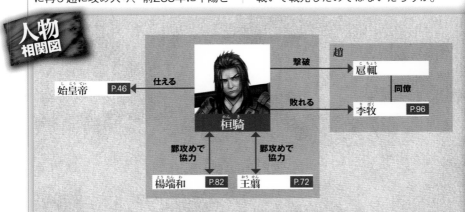

始皇帝　P.46　←　仕える　←　桓騎

趙
扈輒　←　撃破
同僚
李牧　P.96　←　敗れる

鄴攻めで協力　楊端和　P.82
鄴攻めで協力　王翦　P.72

政治家

秦の相邦に任ぜられた楚の公子

昌平君
しょうへいくん

生没年
生年未詳～前224年没

秦

楚

武力
4

知力
4

政治
4

人格
3

気力
3

昌平君が残した実績

始皇帝の強い信頼を得る

嫪毐の乱は嫪毐と呂不韋という2大権力者を排除して権力を掌握するという、始皇帝にとって大きな転換点となった事件だった。この反乱の処理を任された昌平君は、昌文君ともども始皇帝からかなりの信頼を得ていたのだろう。

反乱の伝説が生まれた背景は？

詳細は右のページで紹介しているが、昌平君の秦への反乱は実際には起きていない可能性が高い。おそらく楚人たちの反秦の思いから、項羽の祖父・項燕が楚の王族の昌平君とともに決起したという英雄伝説が生まれたのだろう。

始皇帝の覇業を助けるが、楚王となって秦に叛いた？

嫪毐（64ページ）の乱を鎮圧したことで知られる元楚の公子。わかっているのは封号だけで名前は不明だが、同じく楚の公子だった昌文君（80ページ）とともに秦の相邦となり、親政を開始した秦王正（46ページ）を補佐したとされている。

嫪毐の乱は始皇帝が秦王だった時代に起きた最大の内乱だった。秦王正の命を受けた昌平君は、昌文君とともに兵を率いて秦の都・咸陽にて嫪毐の軍を攻撃。数百の首を取り、すみやかに乱を鎮圧したという。この乱は実力者の嫪毐を排除するべく始皇帝の側から仕掛けたという見方もあり、始皇帝にとって一大事だったことは間違いない。その対処を任されたのだから、昌平君と昌文君はよほど始皇帝の信任が厚かったのだろう。

このように始皇帝に重用された昌平君だったが、李斯（130ページ）が始皇帝の信頼を得るようになると立場が変わっていったようで、前226年に故国の楚に戻っている。そして、前224年に楚が滅亡すると楚の将軍項燕（116ページ）と組んで楚王となり、秦への反乱を起こすが、翌前223年に秦軍によって討たれ、項燕も自殺したという。

しかし、これは「史記」秦始皇本紀にのみ見られる記述で、楚世家や六国年表などでは項燕は前224年に戦死して前223年に楚が滅亡したとなっている。同時代の出土史料である「編年記」にも前224年の時点では、まだ楚への攻撃は続いていたと書かれており、翌年に楚は滅亡したとみられる。つまり、楚世家や六国年表が正しく、項燕も前224年の時点で戦死したと見るべきだろう。よって、秦始皇本紀に書かれた昌平君の反乱もなかったと考えられるのである。

楚は非常に反秦の気概が強かったといわれる。そうした楚人たちの思いが、国が滅びたあとも項燕が楚人である昌平君とともに抵抗を続けたという伝説を生んだのかもしれない。

人物相関図

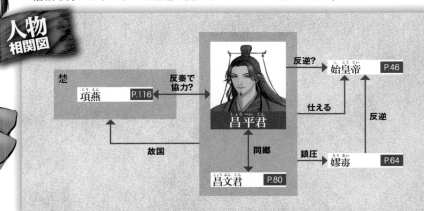

政治家

昌文君
しょうぶんくん

昌平君とともに秦王正を補佐
しょうへいくん　　　　　　　しんおうせい　ほさ

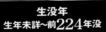

生没年
生年未詳～前224年没

秦

武力 3
知力 3
政治 3
人格 3
気力 4

反乱を起こした嫪毐を昌平君とともに討伐
はんらん　　お　　　　ろうあい　しょうへいくん　　　　とうばつ

昌平君（78ページ）と同じく楚の王族の出で、秦に仕えて昌平君ともども相邦となった。彼もまた名は不明で、昌平君と近い関係だったと思われるが、詳しいことはわかっていない。

前238年に嫪毐（64ページ）の反乱が起きた際には、秦王だった始皇帝（46ページ）の側につき、昌平君とともに乱を鎮圧。親政を開始した秦王正を相邦として補佐するが、同じ楚出身の李斯が重用されていくにつれて、始皇帝との間に距離が生まれていったようだ。その後の動向は不明で、同時代の史料である「編年記」によると、王翦（72ページ）が楚を攻めていた前224年に没したという。

人物相関図

楚 ←故国─ 昌文君 ─同郷→ 昌平君 P.78

昌平君 ─仕える→ 始皇帝 P.46

昌平君 ─鎮圧→ 嫪毐 P.64

始皇帝 ←叛く─ 嫪毐

内史騰
ないしとう

生没年
生没年未詳

武力 3
知力 4
政治 4
人格 3
気力 3

韓を攻め滅ぼした
秦の将軍は文官だった？

韓を滅ぼした秦の武将だが、内史というのは官名で、もともとは文官だったと思われる。前231年に韓から献上された南陽の仮の郡守に就任。翌年、韓に攻め込んで韓王安を捕虜にしたが、以降武将として活動したという記録はない。

実は、前227年に南郡の郡守の騰という人物が発布したという文書が出土史料の中にある。この騰は韓を滅ぼした内史騰と同一人物と見られており、やはり彼は官吏に戻っていたのだろう。ちなみに、南郡はかつての楚都の郢で、まだ楚人の影響力が強く残っていた。そのような難しい地の郡守を任されたのだから、官吏としてもかなり有能だったのだろう。

人物相関図

始皇帝　P.46　←仕える　内史騰（ないしとう）　滅ぼす→　韓　韓王安（かんおうあん）
捕える

武将

楊端和（ようたんわ）

王翦、桓齮らと趙を攻める

生没年
生没年未詳

武力 4
知力 3
政治 3
人格 3
気力 3

秦王正のもとで魏、趙の攻略に従事

趙との戦いで活躍した秦の武将のひとり。「史記」にその名が初めて登場するのは前238年で、この年に魏の衍氏という地を攻めている。前236年には王翦（72ページ）、桓齮（76ページ）とともに趙に侵攻。鄴、橑陽などの地を落とした。

前229年にも王翦、羌瘣（83ページ）らと趙に攻め入り、趙都の邯鄲攻略を担当。李牧（96ページ）らの前に苦戦を強いられるが、李牧が誅殺されると趙の地はことごとく平定されたという。ところが、趙の平定戦に楊端和の名は登場せず、その後の彼の動向も不明となっている。もしかしたら趙との戦いのさなかに戦死したのかもしれない。

人物相関図

王翦 P.72	同僚		
桓齮 P.76	同僚	楊端和	仕える → 始皇帝 P.46
羌瘣 P.83	同僚		侵攻 趙 → 李牧 P.96
			司馬尚 P.101

武将

趙を滅ぼした秦の武将のひとり

羌瘣
（きょうかい）

生没年
生没年未詳

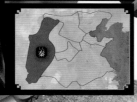

秦

武力 3
知力 3
政治 3
人格 3
気力 4

王翦らとともに趙を平定
趙王を捕虜にする

　前229年の王翦（72ページ）を主将とした趙攻略戦に参加した武将のひとり。この戦いでは王翦が井陘を攻略し、楊端和（82ページ）が趙都の邯鄲を包囲、羌瘣は代の討伐にあたった。

　秦軍は趙の李牧（96ページ）、司馬尚（101ページ）を攻めあぐねるが、李牧が趙の幽繆王に誅殺されると、代わって起用された趙葱と顔聚を撃破。前228年に趙の地をことごとく平定し、平陽で幽繆王を捕えて、ついに趙を滅ぼしたのであった。羌瘣らはさらに燕を攻めるべく、兵を率いて中山という地に駐屯したという。だが、羌瘣についてわかっているのはここまでで、以降の消息は不明だ。

王翦 P.72	同僚	
楊端和 P.82	同僚	

羌瘣

仕える → 始皇帝 P.46

趙 侵攻 李牧 P.96
司馬尚 P.101

Illustration：池田正輝

83

王賁

（おうほん）

始皇帝の刻石に名を刻まれた功臣

生没年
生没年未詳

秦

武力 5
知力 4
政治 3
人格 3
気力 4

王賁が残した実績

魏、燕、斉の3国を滅ぼす

王賁は前225年に魏、前222年に燕、前221年に斉を滅ぼして秦の天下統一を確定させた。父の王翦も趙と楚を滅ぼして燕を滅亡寸前まで追い込んでおり、親子で六国のうちの五国を滅ぼすというすさまじい武功を上げている。

天下統一後も始皇帝に厚遇される

天下が統一されたあとも、始皇帝は自身の権威を示すための巡行に王賁と息子の王離を同行させるなど王一族をかなり厚遇している。それだけ王翦・王賁親子の武勲は巨大で、彼らの貢献を始皇帝も認めていたのだろう。

秦の天下一統に貢献 王翦に劣らぬ活躍を見せる

秦の六国攻略の最大の功労者は間違いなく王翦（72ページ）だが、息子の王賁の功績も群を抜くものがあった。ほぼ同世代であろう李信（86ページ）や蒙恬（134ページ）に比べて、やや地味な存在に見えるが、秦の統一への貢献度では、このふたりを上回っていると言える。

王賁の名が歴史に登場するのは前226年の燕侵攻で、父の王翦とともに燕に攻め込み、燕都の薊を攻略するという武功を上げた。また、王翦の命を受けて楚に攻め入り、楚軍を破ったのちに帰国している。翌年、秦は楚と魏への本格的な侵攻を開始。楚の攻略は李信と蒙恬、魏の攻略は王賁が担当することとなった。

前225年、王賁の率いる秦軍は魏に攻め込んだ。おそらく魏軍は魏都の大梁に籠城したのだろう。そこで王賁は城外を流れる黄河からの水路を破壊し、大梁に水を引き込んで水攻めにしたのである。

かくして大梁は水没し、魏はなすすべなく降伏。王賁は投降した魏王仮を捕虜とし、魏を滅ぼすという大功を上げたのであった。一方、李信と蒙恬は楚の項燕（116ページ）の奇襲を受けて大敗。王賁とは明暗が分かれる結果となった。

前222年、燕侵攻の主将となった王賁は遼東に逃げていた燕王喜を捕虜にし、燕を完全に滅ぼした。続いて、燕と連合していた代を攻め、元趙の王族の代王嘉（103ページ）を捕縛。さらに、斉にも兵を進めて、これを滅ぼしたのである。これらの戦いで李信と蒙恬は王賁にしたがっており、このふたりよりも格上の存在になっていたと思われる。

統一後、王賁は通武侯に、息子の王離（154ページ）は武城侯に封じられた。さらに、始皇帝の2回目の巡行に親子での同行を許され、並みいる重臣たちとともに琅邪台の刻石にその名が刻まれており、出土史料の「里耶秦簡」にも王賁の名が見られる。それほど王賁の武勲は大きかったのである。

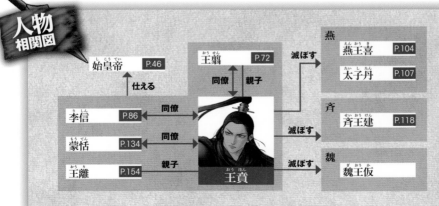

人物相関図

始皇帝　P.46

王翦　P.72

仕える

同僚　親子

李信　P.86　同僚

蒙恬　P.134　同僚

王離　P.154　親子

王賁

燕
燕王喜　P.104
太子丹　P.107
滅ぼす

斉
斉王建　P.118
滅ぼす

魏
魏王仮
滅ぼす

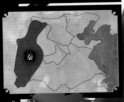

武将

楚に大敗を喫した若き秦の将軍

李信（り しん）

生没年
生没年未詳

秦

武力 4
気力 2
政治 3
人格 3
気力 5

李信（り しん）が残した実績

趙、楚、燕、斉の討伐に参加

楚討伐で大失敗し、老獪な王翦の引き立て役となった李信だが、趙、燕、斉の討伐にも将として参戦している。趙や燕の討伐では武功も上げており、秦の天下統一への貢献度は決して小さくはなかったと言える。

太子丹（たい し たん）を捕えたのは李信ではない？

「史記」白起王翦列伝では李信が太子丹を捕虜にしたとあるが、刺客列伝などでは太子丹は秦王暗殺事件に関わっていたため、和睦のため燕王喜（おう き）によって首を取られ、秦に献上されたと書かれている。どちらが正しいかは不明だ。

趙、燕の討伐で活躍
楚攻略は20万で十分と豪語

マンガ「キングダム」の主人公として、すっかり有名になった李信。マンガでは負けん気の強い一本気な勇将として描かれているが、史実における李信も勇敢な将であった。「史記」白起王翦列伝には「年少だが血気の勇があった」と記されており、マンガと同じような熱血漢だったのではないかと思われる。

李信の出身地や生年などは不明だが、前229年に始まる王翦（72ページ）の趙討伐の際、太原と雲中という地に進出したと「史記」刺客列伝などに記されており、この頃すでに秦の有力武将のひとりになっていたことは確かなようだ。荊軻（108ページ）の秦王暗殺未遂事件に端を発した、王翦の燕侵攻でも王翦の子の王賁（84ページ）らとともに活躍。数千の兵で遼東に逃れた燕王喜（104ページ）と太子丹（107ページ）を追い、衍水という地で太子丹を捕虜にしたという。

このように李信は若手ながら勇猛で、始皇帝（当時は秦王正、46ページ）からも高く評価されていたようだ。それは白起王翦列伝にある、楚攻略の際のふたりのやり取りからもうかがえる。その内容は次のようなものであった。

いよいよ楚を攻めることになり、どのくらいの兵力が必要か秦王正に問われ、李信は「20万もいれば十分です」と答えた。同じ問いに王翦が「60万必要です」と答えると、秦王正は言った。「王翦将軍は老いて臆病になったよう

燕攻略戦での李信の活躍

①前227年、王翦を将とする燕遠征軍に参加

②数千の兵で燕軍を追い、太子丹の軍を衍水で破る

燕攻略戦での李信の動き

▲燕王喜と太子丹はすべての精兵を率いて遼東に立てこもったという。しかし、李信はわずか数千の兵でこれを破ったのである。

第二章　ファーストエンペラーの登場

李信

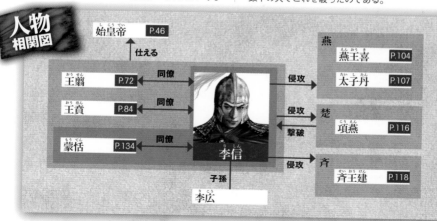

人物相関図

始皇帝　P.46

仕える

王翦　P.72 ───同僚───

王賁　P.84 ───同僚───

蒙恬　P.134 ───同僚───

李信

子孫

李広

燕
燕王喜　P.104 ←侵攻
太子丹　P.107 ←侵攻

楚
項燕　P.116 ←侵攻／←撃破

斉
斉王建　P.118 ←侵攻

だ。それに引きかえ、李信将軍は勇壮だ」

秦王正は李信をほめたたえ、彼に楚の討伐を任せたという。

蒙恬とともに出撃するが楚軍に大惨敗!

前225年、秦王正は李信と蒙恬（134ページ）に楚への出兵を命じた。前述の経緯から、おそらく李信が主将だったと思われる。この年、王賁も魏討伐の将となっているが、楚のほうがはるかに強国であり、この時点では李信は同世代の王賁、蒙恬よりも格上の存在だったのではないだろうか。

楚に侵攻した李信は軍を二手にわけ、一隊は自らが率いて平輿を攻撃、蒙恬が率いるもう一隊は寝丘を攻め、どちらも大勝利ををおさめた。李信と蒙恬は城父という地でいったん合流するが、その隙を楚軍が襲った。

このときの楚軍の将の名は「史記」に

はないが、名将項燕（116ページ）が率いたと見て間違いないだろう。楚軍は三日三晩、宿営もせずにひたすら秦軍を追い、李信たちの陣に奇襲をかけた。秦軍はたちまち総崩れとなり敗走。李信と蒙恬はどうにか生きのびたが、7人もの将校が戦死したという。おそらく兵の犠牲も相当数にのぼったと思われる。言い訳の余地のない大惨敗であった。

李信の失態を知った秦王正は「秦軍の名を辱めた」と、言って激怒。引退していた王翦に頭を下げ、彼の要求どおりに60万の兵を発した。主将となった王翦は蒙恬の父の蒙武とともに前223年に楚を滅亡させている。

王賁、蒙恬らとともに燕、斉を滅ぼす

一方、秦王正の怒りを買った李信だが、厳しい処分を受けた様子は見られない。事実、李信はまもなく戦線に復帰し、前

李信の楚侵攻の推移

秦

③李信と蒙恬、城父にて合流

⑤楚軍の奇襲を受け、秦軍敗走

④楚軍、3日3晩休まず秦軍を追い、城父にて奇襲をかける

城父

陳

李信軍

平輿

楚軍

寝丘

蒙恬軍

寿春

①李信、平輿にて楚軍を破る

②蒙恬、寝丘にて楚軍を破り、李信と合流すべく城父へ向かう

楚

222年の王賁の燕侵攻に参加。燕王喜を捕えて燕を滅ぼしている。翌年の斉討伐にも蒙恬とともに参戦し、斉の平定に貢献したという。ただ、これらの遠征の主将は王賁で、李信は王賁よりも下という評価を下されたのかもしれない。

天下統一のあと王賁は始皇帝の第2回の巡行に同行。二世皇帝胡亥の時代にはすでに死去していたという。蒙恬は前215年から始まる匈奴攻略で活躍。始皇帝の死去後、自害に追い込まれるが、李信は完全に歴史の表舞台から姿を消す。統一後、彼がどのように生きて、どんな最後を迎えたのか一切不明だ。

ただ、「史記」には前漢時代の武将・李広が李信の子孫だったとある。李広は文帝、景帝、武帝の三代に仕えた武将で武勇に優れ、用兵にも長けていたことから「飛将軍」と称された。北方の匈奴との戦いで活躍するが晩年は冷遇され、最後は自害して果てた悲劇の武将として広く知られている。また、李広の孫の李陵も匈奴に亡命した悲劇の武将として有名で、小説などの題材にもなっている。こ

の李広や李陵が本当に李信の子孫だとしたら、李信の一族が始皇帝死後の混乱をどう生き抜いたのか、興味は尽きない。

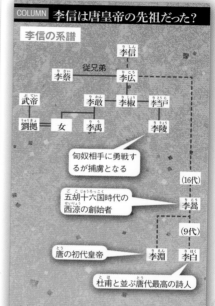

COLUMN **李信は唐皇帝の先祖だった？**

李信の系譜

李信の子孫とされる飛将軍李広。その子孫を称したのが五胡十六国時代に西涼を建国した李暠だ。さらに、唐の初代皇帝の李淵が李暠の末裔とされており、すべて事実なら李信は唐王朝の先祖ということになるのだ。

前222年の燕、斉侵攻図

①前222年、王賁を主将とする秦軍が遼東に侵攻、燕王喜を捕え、燕を滅ぼす

②代を攻め、代王となっていた嘉を捕える

③前221年、王賁、李信、蒙恬らが燕の南から斉に攻め入り、斉都の臨淄を落とす

李信も参加した
燕、斉侵攻

◀王賁、李信らは大軍をもって燕王喜のこもる遼東を攻略。続いて代を討伐し、燕の南から斉に攻め込んだ。なお、この戦いで李信がどのような働きをしたのたかは不明だ。

思想家

韓非（かんぴ）

始皇帝をも魅了した法家の大家

生没年
生年未詳～前233年没

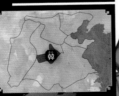

韓

武力 1
政治 3
気力 5
人格 3
知力 5

韓非（かんぴ）が残した実績

韓非が説いた法、術、勢

韓非は自身の著作の中で「君主は"法"を明らかにして、"術"によって臣下を制御しなければならず、そのためには"勢"（強制力、権限などを意味する）が必要である」と説いた。この法、術、勢は韓非の思想の要諦となっている。

教訓となる成語の数々を残す

「韓非子」には有名な「矛盾」のほか「逆鱗に触れる」「蟻の穴から堤も崩れる」など、現代でも使われている数々の成語や名言が記されている。また、「唯唯諾諾」や「信賞必罰」なども「韓非子」が出典の四字熟語である。

90　　Illustration：イカサマひでお

「韓非子」を著し、始皇帝に多大な影響を与える

始皇帝（46ページ）に多大な影響を与えた「韓非子」の著者で、法家の大家として知られる。韓の公子だが議論は苦手だったため、よく書で意見を述べていたという。その才は際立っていたようで、性悪説で知られる荀子のもとで学ぶが、同門の李斯（130ページ）をして「自分は韓非には及ばない」と言わしめている。

当時の韓は国土を削られ、弱体化の一途をたどっていた。韓非は国の危機を憂いて、さまざまな意見を出したが、韓王安は彼を用いようとはしなかった。為政者は法制を明確化し、権力で臣下を制御し、富国強兵を進めて賢人を用いるべきなのに、むしろ小人たちを用いて功労実績のある者の上に置いていると韓非は悲憤慷慨した。そして、自らの思想を「孤憤」「五蠹」「内外儲」「説難」「説林」などの書に綴ったのである。これらが「韓非子」と言われるものである。

これらの著作が、当時秦王だった始皇帝の目に止まった。感銘を受けた秦王正は、「これを書いた人に会えれば死んでもかまわない」とまで言い、著者が韓非だと知ると、彼に会うために韓に攻め入ったという。それだけ韓非の思想が自身の理想と合致していたのだろう。

前233年、韓王安は和平の使者として韓非を秦に送った。だが、韓非をよく知る同門の李斯は秦王正にこう進言した。「韓非は韓の公子です。諸国併呑のために彼を用いても、結局は韓のために動いて秦の利益にならないでしょう。国に帰さず、ここで殺してしまうべきです」

「史記」老子韓非列伝は、李斯が韓非に取って代わられるのを恐れての讒言だったとしているが、韓非は秦ではなく自国の韓のために動くという李斯の言葉は的を射ているように思える。秦王正ももっともだと考え、韓非を獄に送った。韓非は秦王正への弁明を望んだが許されず、最後は李斯から送られてきた毒で自害したのであった。

韓非

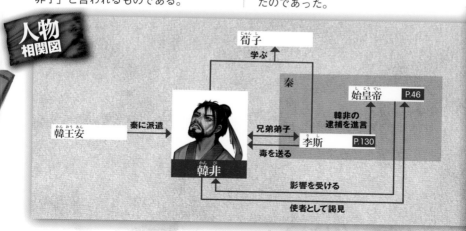

人物相関図

荀子

学ぶ

秦

始皇帝　P.46

韓王安　秦に派遣

兄弟弟子

韓非の逮捕を進言

李斯　P.130

毒を送る

韓非

影響を受ける

使者として謁見

廉頗
（れんぱ）

藺相如と友情で結ばれた趙の名将
（りんしょうじょ）（ちょう）

生没年
生没年未詳

趙

武力 5
知力 3
政治 2
人格 4
気力 4

廉頗が残した実績
（れんぱ）

経験に裏打ちされた巧みな用兵

長平で秦軍と対峙したとき、廉頗は塁壁を築いて守りを固め、孝成王の命令で趙括と交代するまで秦軍につけ入る隙を与えなかった。藺相如との逸話などから直情径行に見える廉頗だが、戦いでは沈着冷静であった。

燕軍撃退の功により仮の宰相となる

長平での大敗で趙が弱っていると見て、燕が侵攻してくるが、廉頗は将軍として迎え撃ち、これを撃破。逆に、燕に攻め込んで燕都の薊を包囲し、5城を奪い取った。この功により尉文という地に封じられ、趙の仮の宰相となった。

傾きつつあった趙を支えるがたまっていた怒りが爆発

　趙は秦の宿敵というべき存在で、藺相如（34ページ）、趙奢（36ページ）、李牧（96ページ）などの名将を排出しているが、廉頗もそのひとりである。

　斉や魏の攻略で活躍するなど勇将として名高い廉頗だが、特に有名なのが藺相如との逸話だ。藺相如は秦との交渉を成功させた功績により、廉頗より上位に置かれるが、廉頗は「口先だけの働きではないか」と憤慨。藺相如と顔を合わせたらただではすまさないと言いふらした。これを聞いた藺相如は廉頗を避けるが、それは自分と廉頗が争えば趙のためにならないという信念ゆえだった。藺相如の真意を知った廉頗は藺相如の館の前で服を脱ぎ、鞭を背負って謝罪した。そして、「互いのためなら首をはねられても後悔しない」という「刎頸の交わり」を藺相如と結んだのであった。

　廉頗は藺相如らとともに趙を支える

が、前260年に起きた長平での秦との戦いを機に運命が狂い始める。主将の廉頗は守りを固めて持久戦に持ち込むが、趙の孝成王は藺相如の反対を押し切り、廉頗に代えて若手の趙括（37ページ）を主将にした。だが、これが裏目となり、趙は大敗を喫したのであった。

　その後、廉頗は趙に侵攻してきた燕の大軍を撃破するという大功を上げるが、魏の繁陽を落とした際、またも主将を降ろされてしまう。長平以来の鬱憤が爆発してしまったのだろう。廉頗は後任の楽乗（100ページ）の軍を攻め、敗走させたのである。そのまま廉頗は魏に亡命するが、魏は彼を用いようとしなかった。

　しばらくして趙で廉頗を復帰させようという話が持ち上がった。ところが、廉頗と不仲だった郭開（102ページ）が使者を買収し、「廉頗は面会中に3度も失禁した」と王に報告させたため、この話は立ち消えとなる。その後、廉頗は楚に迎えられるが、そこでも功績を残せず楚都の寿春で亡くなったという。

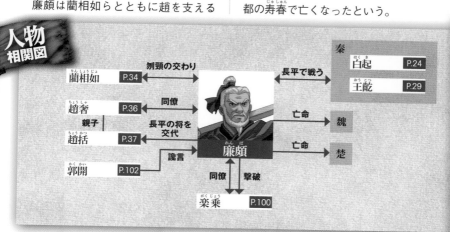

人物相関図

藺相如　P.34 ── 刎頸の交わり ──
趙奢　P.36 ── 同僚
　　親子
趙括　P.37 ── 長平の将を交代
郭開　P.102 ── 讒言
── 廉頗 ──
同僚　撃破
楽乗　P.100

長平で戦う ──
秦
白起　P.24
王齕　P.29

亡命 ── 魏
亡命 ── 楚

大胆な戦術で秦を襲った用兵家

龐煖

（ほう）（けん）

生没年
生没年未詳

趙

武力 4

知力 4

政治 4

人格 3

気力 3

龐煖が残した実績

連合軍の秦侵攻の指揮を取る

前241年の連合軍の盟主となったのは楚の考烈王だが、同じ年に楚は寿春への遷都を行っている。大軍を送る余裕があったとは考えにくく、実質的には趙が合従軍の中心で龐煖が作戦の指揮を取ったのではないだろうか。

「龐煖」という書を残した？

「漢書」芸文志には「龐煖」という兵書や縦横家の書があったと記されている。いずれも現存していないため内容は不明だが、龐煖が書いたものだったとすれば、彼は文武両面に優れた武将だったのだろう。

　Illustration：青鳩子

4カ国連合軍を率いて秦の領土に攻め入る

マンガ『キングダム』で注目されるようになった武将は多いが、龐煖もそのひとりだろう。廉頗（92ページ）が魏に亡命したあと趙の将軍となった人物だが、その生涯はかなり謎の部分が多い。

「史記」によると龐煖は燕の将軍の劇辛（105ページ）と旧知の間柄だったという。だが、劇辛は50年以上燕に仕えたと見られる人物である。龐煖が同世代だったとすれば、趙の将軍になった頃には、かなりの老人だったことになる。

そんな龐煖を劇辛は「与しやすい相手だ」とあなどっており、前242年に2万の軍を率いて趙を攻めた。だが、龐煖はこれを撃ち破り、劇辛を捕虜にしている。

前241年、龐煖は趙、楚、魏、燕の4カ国の精兵部隊を率いて秦の蕞を攻めたと「史記」趙世家にはある。一方、秦始皇本紀や六国年表には、同年に楚の春申君（112ページ）が組織した5カ国連合軍が函谷関を攻めたとあり、両者は連携していたと見られている。春申君の軍が函谷関で秦の主力を引きつけ、その間に龐煖軍が秦に攻め入るというわけである。この作戦は龐煖が立てたようで、彼は自ら兵を率いて侵攻した。

蕞という地の正確な場所は不明だが、咸陽の目と鼻の先だったとも言われており、これが事実なら秦に激震が走ったことだろう。しかし、龐煖は蕞の地を抜くことができず撤退。もっともタダで帰るつもりはなかったようで、兵を返して合従軍に参加しなかった斉に攻め入り、饒安という地を取っている。

前236年に趙は燕を攻めるが、これも龐煖の指揮だったとみられる。ところが、その隙を突いて秦の王翦（72ページ）らが趙の鄴という地を攻めた。龐煖は救援に向かったが間に合わず、鄴は秦に奪われたのであった。これが龐煖の最後の戦いとなった。職を辞して隠居したのか、寿命を迎えたのかはわからないが、以降の龐煖に関する記録は残っていない。

第二章　ファーストエンペラーの登場

龐煖

人物相関図

秦　始皇帝　P.46 ←敵対

楚　春申君　P.112 →侵攻

連携?

龐煖

撃破→ 燕　劇辛　P.105

←旧知

武将

秦の前に立ちはだかった名守将

李牧（りぼく）

武力 5

知力 4

政治 3

人格 5

気力 5

生没年
生年未詳〜前229年没

李牧（りぼく）が残した実績

匈奴の油断を誘った壮大な戦略

見事な知謀で匈奴の油断を誘い、大勝利をおさめた李牧だが、専守防衛の籠城策を取ってから決戦に出るまで、かなりの年月をかけている。数年がかりの壮大な戦略で、裏を返すとそれだけ匈奴は手強いとみなしていたのだろう。

2度にわたって秦軍の撃退に成功

李牧は肥下での桓齮との戦い、番吾での戦いと2度も秦を相手に圧勝。王翦らとの戦いでも左遷されるまでは敗北していない。楚の項燕も秦に勝利しているが王翦に敗れており、いかに李牧が図抜けた存在だったかがわかるだろう。

奇計を用いて精強な匈奴の軍を破る

戦国時代末期、無類の強さを誇った秦軍の前に立ちはだかったのが李牧である。「北辺の良将」とうたわれた趙の武将で王翦（72ページ）ら秦の名将たちも、戦場では彼を破ることはできなかった。

李牧が名将としてその名を知らしめたのが北の匈奴との戦いである。趙の北辺の防衛を任された李牧は射術と馬術の訓練に力を入れ、常に警戒を怠らないよう徹底させるが、一方で兵たちへの給料や食事を奮発して彼らを厚く遇した。ただ、兵たちには次のように厳命していた。

「匈奴が侵入したら家畜を収容して、すぐに城に立てこもること。匈奴を捕えようとするものは斬首する」

李牧は専守防衛をとなえ、匈奴が襲ってきても籠城に徹した。このため、匈奴による被害はほとんどなくなるが、匈奴は李牧を卑怯者とあなどり、趙の兵士も李牧は臆病だと不満を持つようになった。

こうした李牧の姿勢を趙王は責めたが、彼はやり方を変えようとはしなかった。王は怒って別の者を対匈奴の将に任じ、趙軍は積極策に転じた。ところが、匈奴にまったく歯が立たず、農耕や放牧ができなくなるなど被害が拡大。王に泣きつかれた李牧は、自分のやり方を認めることを条件に再任に応じたのであった。

任地に戻った李牧は軍令をすべて元に戻し、また匈奴の被害はなくなった。だが、兵たちはみな匈奴との一戦を願っていた。機が熟したと見たのだろう。決戦を決意した李牧は選りすぐりの部隊を組織すると、家畜の放牧を行わせた。そして、匈奴が来襲すると、家畜や民をおきざりにして敗走してみせたのである。

話を聞いた匈奴の単于は完全に李牧をあなどり、大軍を率いて侵攻してきた。待ち受けていた李牧は巧みな陣形と左右の部隊を駆使して匈奴軍を破り、十余万騎を討ち取ったのである。この大敗が匈奴に与えた衝撃は大きく、その後10余年、趙の城に近づこうとしなかったという。

第二章　ファーストエンペラーの登場

李牧

人物相関図

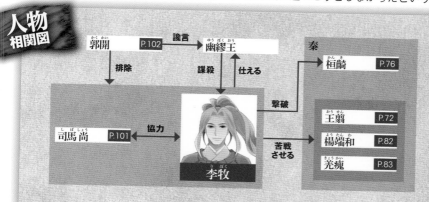

郭開　P.102 ──讒言→ 幽繆王

秦

郭開 ──排除→ 李牧

幽繆王 ←謀殺／仕える

司馬尚　P.101 ──協力→ 李牧

李牧 ──撃破→ 桓齮　P.76

李牧 ──苦戦させる→ 王翦　P.72／楊端和　P.82／羌瘣　P.83

趙に侵攻してきた桓齮らを敗走させる

　前245年、名将と名高い趙の廉頗（92ページ）が魏に亡命する事件が起きた。廉頗とともに趙を支えた藺相如（34ページ）もすでにこの世を去っており、危機感を覚えた悼襄王は北辺の守備に就いていた李牧を召喚し、燕の攻略を任せた。李牧は期待に応え、燕の武遂や方城を落とすという戦果を上げた。

　この頃から秦が天下統一に向けて本格的に動き始める。前236年に王翦（72ページ）、桓齮（76ページ）らが鄴などを攻略。2年後、桓齮を将とする秦軍が平陽を攻め、趙将の扈輒を討って10万もの首を上げた。勢いに乗った桓齮は翌前233年に平陽と武城を平定すると、北上して赤麗と宜安を攻めた。破竹の勢いの桓齮を抑えられるのは、もはや李牧だけであった。

　趙の幽穆王より大将軍に任じられた李牧は兵を率いて宜安に向かった。そして、肥下という地で桓齮の軍を大いに打ち破ったのである。天下統一の戦いを始めた秦が敗北したのは、これが初めてであった。この功績により李牧は武安君に封じられた。

　前232年、秦が再び趙に侵攻してくる。秦軍は部隊を二手に分け、一隊は鄴に向かい、もう一隊は太原の狼孟という地を落とすという二方面作戦を展開した。このとき秦軍の指揮を取った将はさだかではないが、かなり大規模な軍であったことは間違いないだろう。

　狼孟を取った秦軍はさらに番吾という地を攻めるが、そこに李牧が攻撃を仕掛けた。おそらく秦軍の動きを読んでいたのだろう。李牧は秦軍を蹴散らすと、そのまま南下して韓・魏の国境まで秦軍を押し返したのである。李牧はまたも秦軍に大勝したのであった。

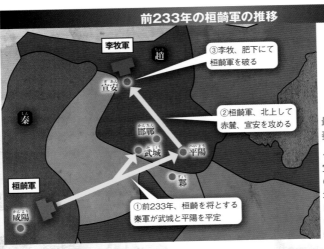

前233年の桓齮軍の推移

- 李牧軍
- 趙
- 宜安
- 秦
- 邯鄲
- 武城
- 平陽
- 鄴
- 桓齮軍
- 咸陽

③李牧、肥下にて桓齮軍を破る

②桓齮軍、北上して赤麗、宜安を攻める

①前233年、桓齮を将とする秦軍が武城と平陽を平定

最初の秦軍との戦い

◀大将軍となった李牧は宜安に侵攻してきた桓齮の軍を攻め、肥下という地で敗った。「史記」では桓齮のその後は不明だが、「戦国策」は李牧に殺されたとしている。

王翦らの侵攻も食い止めるが、郭開の奸計に屈する

　二度にわたって秦を撃退した李牧だったが、趙では大地震や飢饉が起き、国の衰亡は明らかだった。人々は趙の将来を悲観し、「趙は泣き、秦は笑う」という歌を歌ったという。

　前229年、王翦、楊端和（82ページ）らを将とした秦の軍勢が趙に攻め込んだ。趙の命運は潰えようとしていたが、それでも李牧はあきらめなかった。

　司馬尚（101ページ）とともに出撃した李牧は秦軍を大いに苦しめ、彼らの進撃を許さなかった。ついに王翦は幽穆王の寵臣の郭開（102ページ）を買収するという手段に出る。郭開も李牧に地位を奪われるという恐れがあったのだろう。彼は李牧らが秦に寝返ろうとしていると幽穆王に讒言したのである。郭開の言葉を信じた幽穆王は趙葱と斉の将軍顔聚に軍の指揮を代わるよう李牧に命じるが、李牧はこの命令を拒否した。

　王命に背けばどうなるか、李牧はよく理解していたはずである。しかし、彼はどうしてもこの理不尽な命を受け入れることができなかった。このあと李牧は捕えられて斬首になったとも、自害したとも伝わる。稀代の英雄のあまりにも哀れな最期であった。李牧の死後、趙軍は王翦らにあっさり敗北。幽穆王も捕えられ、ついに趙は滅んだのであった。

　楚漢戦争の際、韓信（172ページ）が背水の陣で趙の大軍を破った有名な井陘の戦いに、広武君李左車という人物が趙の将として参加している。李左車は韓信を破るための策を進言するが、用いられず敗れた。しかし、間諜から李左車の策を聞いていた韓信は捕虜となった李左車を師と仰ぎ、燕を討つための策を乞うたと「史記」淮陰侯列伝にある。この李左車は李牧の孫と言われている。

前232年の秦との戦いの推移

②太原に向かった部隊が狼孟を取り、番吾を攻める

李牧軍

③李牧、番吾にて秦軍を破る

秦

①前232年、秦軍が鄴と太原を攻める

番吾

狼孟

④李牧、南からの韓、魏の兵を防ぐ

邯鄲

趙

鄴

咸陽

2度目の秦軍との戦い

◀秦軍は一隊が鄴に向かい、もう一隊が太原方面の狼孟を攻めた。この太原方面に侵攻してきた部隊を李牧は番吾にて破り、またも秦軍を撃退したのであった。

楽乗 (がくじょう)

廉頗との確執により破れた、趙の武将

生没年
生没年未詳

趙

武力 4
知力 3
政治 4
人格 3
気力 3

趙の3代の王に仕えた慎重派の武将

　前270年、秦は、趙南部の閼与の地に侵攻しようとしていた。これを知った趙の恵文王は、どうすべきかを家臣に尋ねた。その時、廉頗（92ページ）とともに、「道は遠く険阻で救い難い」と、戦いに反対をしたのが楽乗だった。かなり慎重な性格であったようだ。この時恵文王は、救援に積極的であった趙奢（36ページ）を現地に向かわせ、勝利を収めている。

　前245年に悼襄王が即位すると、魏の繁陽を攻囲中だった廉頗の将軍職を罷免し、後任に楽乗を選んだ。これにより、廉頗との間に確執が生まれ、楽乗は廉頗に攻撃される。この争いでは、楽乗が破れ、歴史の舞台から名を消すのである。

人物相関図

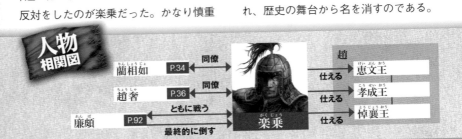

		楽乗		
藺相如 P.34	同僚 →		趙	
趙奢 P.36	同僚 →		仕える →	恵文王
廉頗 P.92	ともに戦う →		仕える →	孝成王
	最終的に倒す →		仕える →	悼襄王

武将

司馬尚（しばしょう）

郭開（かくかい）に陥れられ失脚した、趙の武将

生没年
生没年未詳

武力 4
知力 3
政治 3
人格 3
気力 4

多くの記録は残されていない 謎多き武将

前229年、秦が、王翦（おうせん）（72ページ）、羌瘣（きょうかい）（83ページ）、楊端和（ようたんわ）（82ページ）という3人の武将の指揮のもと、大軍をもって趙の都、邯鄲（かんたん）を攻めた時のこと。趙側が、その反撃をするのにと任命したのが、李牧（りぼく）（96ページ）と司馬尚だった。

李牧は言わずとしれた趙の名将である。彼と並んで抜擢されたということは、司馬尚もかなりの力量を持った武将であったと想像される。

しかし、この戦いでは、秦に買収された、趙側の郭開（102ページ）が、李牧と司馬尚を陥れ、幽穆王（ゆうぼくおう）に疑われた李牧は自殺してしまう。司馬尚も、身の危険を感じて逃亡したとされている。

人物相関図

郭開（かくかい）　P.102　→　陥れる　→　司馬尚

郭開　↓ 陥れる

李牧（りぼく）　P.96　←　ともに戦う　司馬尚（しばしょう）

司馬尚　仕える　→　趙　幽穆王（ゆうぼくおう）

司馬尚　←　親子　→　司馬卬（しばごう）

郭開 (かく かい)

趙滅亡のきっかけを作った奸臣 (かんしん)

生没年
生没年未詳

武力 2
知力 4
政治 4
人格 2
気力 3

虚偽の策略を巡らせ、名将を排除する

趙に仕えていた臣。元より、名将とされた廉頗（92ページ）との折り合いが悪かった。廉頗が趙を離れた後、悼襄王は、彼を呼び戻すために使者を送った。郭開は、その使者を買収し、「廉頗は老いて使い物にならない」と報告させ、廉頗を排除することに成功する。

また、前229年、秦が趙に攻め入ってきた際には、郭開自身が秦に買収され、趙を守るために戦っていた、李牧（96ページ）と司馬尚（101ページ）を陥れ、2人を排除させてしまう。

名将を次々と失った趙は、次第に国力を失い、やがて滅亡へと進んでいく。郭開は、その原因を作った奸臣だったのだ。

人物相関図

郭開 ─ 仕える → 趙 悼襄王 (とうじょうおう)

郭開 ─ 仕える → 幽繆王 (ゆうぼくおう)

郭開 ─ 陥れる → 李牧 P.96

郭開 ─ 陥れる → 司馬尚 P.101

郭開 ─ 対立 → 廉頗 (れんぱ) P.92

君主

代王嘉（だいおうか）

代の国を作った、趙の最後の王

生没年
生没年未詳

武力 2
知力 4
政治 4
気力 4
人格 3

燕王喜と結んで、秦に抵抗する

　趙の悼襄王の長子として生まれ、太子になる。一度は、異母弟である遷が幽繆王として即位するが、秦により捕らえられてしまう。嘉は、一族を連れて代に逃れ、そこで亡命政権を建てた。このため、趙の最後の王ともされている。

　代王となった嘉は、燕王喜（104ページ）と手を組み、秦に抵抗した。前227年、秦が燕へと侵攻、応戦するものの、結局は秦軍に敗れてしまう。このとき、燕王喜に対し、秦王暗殺を計画した燕の太子丹を殺して、秦と和睦してはどうかと提案したと言われている。前222年、王賁（84ページ）に攻められて敗北。嘉は捕虜となり、代も滅んだ。

人物相関図

燕

燕王喜（えんおうき） P.104

←手を結ぶ→

代王嘉（だいおうか）

趙

悼襄王（とうじょうおう）　—親子—

幽繆王（ゆうぼくおう）　—異母兄弟—

君主

秦に滅ぼされた、燕の最後の王

燕王喜（えんおうき）

生没年
生没年未詳

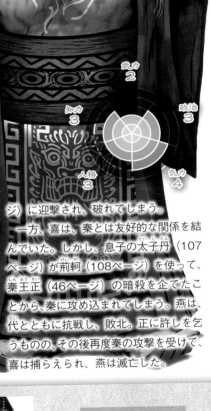

武力 2
知力 3
政治 3
人格 3
気力 4

秦とは友好的な関係を結んでいたが

燕の君主、孝王の子として生まれる。前255年、孝王が死去し、喜が即位する。趙に使者を送り、友好を深めようとするが、その頃趙は、秦に大敗したところであった。それを知った喜は、考えを改め、趙に攻め入った。しかし、廉頗（92ペー

ジ）に迎撃され、破れてしまう。

一方、喜は、秦とは友好的な関係を結んでいた。しかし、息子の太子丹（107ページ）が荊軻（108ページ）を使って、秦王正（46ページ）の暗殺を企てたことから、秦に攻め込まれてしまう。燕は、代とともに抗戦し、敗北。正に許しを乞うものの、その後再度秦の攻撃を受けて、喜は捕らえられ、燕は滅亡した。

人物相関図

代王嘉 P.103 ←手を結ぶ→ 燕王喜

劇辛 P.105 →仕える→ 燕王喜

燕
親子 孝王

親子 太子丹 P.107

武将

劇辛（げきしん）

趙との争いで戦死した、燕の将軍

生没年
生年未詳～前242年没

燕

武力 4
知力 4
政治 3
人格 4
気力 4

燕王喜の問いに、劇辛が答えた内容は

趙の国出身の武将。前312年、燕の昭王（しょうおう）が斉に対抗するために、諸国から有能な人材を集めていたとき、それに応じる形で燕に移った。以来、昭王から燕王喜（104ページ）まで5代の燕王に70年間に渡って仕えた。

趙の将軍であった龐煖（ほうけん）（94ページ）と、かつて親しくしていたことから、前242年、燕王喜は、趙との戦いを考え、劇辛に龐煖がどんな人物かを問うた。それに対し、劇辛が「龐煖は、与し易い（くみ）人物」と答えたことから、趙侵攻の将を任される。しかし、戦いの結果、燕軍のうち2万人が捕虜になるという大敗を喫し、劇辛自身も戦死した。

人物 相関図

龐煖（ほうけん）　P.94 ← 親しい → 劇辛（げきしん）

燕

仕える → 昭王（しょうおう）
仕える → 恵王（けいおう）
仕える → 武成王（ぶせいおう）
仕える → 孝王（こうおう）
仕える → 燕王喜（えんおうき）　P.104

Illustration：森野ヒロ

樊於期（はんおき）

恨みを晴らすために自らの命を差し出す

生没年
生年未詳〜前227年没

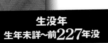

武力 4
知力 3
政治 3
人格 3
気力 4

秦王正の怒りを買い、燕に逃亡した武将

　樊於期は元々、秦の将軍であった。しかし、秦王正（46ページ）の怒りを買ったことから、逃亡し、燕にやってきた。その際、秦に残った樊於期の一族は、全員死刑にされたという。

　前227年、燕の太子丹（107ページ）によって、秦王正の暗殺が計画される。実行役として選ばれた荊軻（108ページ）は、用心深い正を信用させるための施策の一つとして、秦でお尋ね者となっていた樊於期の首を差し出すことを要求した。太子丹は、樊於期を殺すことに反対したが、荊軻は、樊於期に直接会い、決断を迫った。一族を殺され、正に恨みを持っていた樊於期は、それを承諾し自害した。

人物相関図

太子丹　P.107　――守ろうとする→　樊於期　――仕える→　秦　始皇帝　P.46

荊軻　P.108　――自決を迫る→　樊於期　←怒りを買う――

王族

王族

秦王正の暗殺を計画した、燕の太子

太子丹
(たいしたん)

生没年
生年未詳〜前226年没

武力 2
知力 3
政治 4
人格 4
気力 4

幼い頃、人質となった
秦王正と交流を持つ

　燕王喜（104ページ）の子として生まれる。少年時代は、人質として趙に送られ、同じく秦から人質とされて来ていた、正（46ページ）と親しくしていた。しかし、成長して再会したとき、正に冷たくされたことから、彼に恨みを持つよ

うになる。後に、秦から亡命してきた樊於期（106ページ）をかくまうなどした。

　前227年、荊軻（108ページ）を使って、秦王正の暗殺を企てるも、失敗に終わる。秦は、暗殺の首謀者である太子丹を狙って、燕へと侵攻。丹は、燕王喜とともに遼東に逃れた。その後、燕王喜は、秦に許しを請うために、丹を殺害し、その首を秦に差し出したとされている。

人物相関図

太子丹
(たいしたん)

親子　──　燕王喜　P.104

守ろうとする　←
樊於期　P.106
始皇帝の暗殺計画を命じる　←

かつて親しくしていた　秦
始皇帝　P.46
殺害しようとする　←

荊軻　P.108

秦王政暗殺未遂事件の実行犯

荊軻（けいか）

生没年
生年未詳〜前227年没

燕

武力 3
知力 5
政治 4
気力 4
人格 2

荊軻が残した実績

疑いを持たれず正に謁見する

暗殺にあたり、荊軻は正に近づくため、2つの策を講じる。一つは、燕の督亢の地を提供すること、もう一つは、秦から逃亡してきた樊於期の首を差し出すこと。これらにより、荊軻は正に謁見することができた。

隠し持った匕首で正に斬りかかる

正の前に行くと、荊軻は、領地割譲の証である地図を差し出す。受け取った正がそれを開くと、そこには匕首が巻き込んであった。荊軻は、匕首をつかみ、正に斬りかかる。しかし、間一髪のところで正にかわされてしまう。

始皇帝の暗殺計画の真の目的とは

荊軻は、元々衛出身の遊説家であった。後に燕に入り、筑の名手である高漸離（110ページ）と親しく付き合うなどしていた。

前233年、秦の人質となっていた、燕の太子丹（107ページ）が、正（46ページ）への恨みを抱いて燕に帰ってきた。個人的な恨みに加え、燕が秦に滅ぼされてしまうのではないかとの不安から、太子丹は、正の暗殺を企てたとされる。しかし、実は、この暗殺計画は、正を脅すことによって、秦に奪われた土地を返還させるというのが目的であった。このような、脅迫外交とも言えることは、過去にも例があり、この時代には許されていたことなのである。そして、その実行役として選ばれたのが荊軻だった。

荊軻は、計画実行にあたり、まず正に近づくために、燕で最も肥沃な土地であった督亢の地を差し出すこと、そし

て、秦から亡命してきていた樊於期（106ページ）の首を差し出すことを条件とした。そのため、荊軻は、自ら樊於期を説得し、自害に追い込んだ。

督亢割譲を示す地図と樊於期の首を携えた荊軻は、首尾よく秦王正への謁見を果たす。正が地図を開いた瞬間、荊軻は、仕込んであった匕首を取り、正に斬りかかった。しかし、正の反撃に遭い、計画は失敗。荊軻は、土地返還の約束を取り付けられなかったことを悔やむが、その後、斬り殺されてしまう。

秦王正を襲撃する荊軻

右側にいるのが荊軻

▲秦では、臣下が殿上に武器を持って上がることは禁じられていた。そのため、秦の家臣は、素手で荊軻を取り押さえようとした。

出典：武氏祠（後漢）

荊軻

人物相関図

太子丹　P.107 　—始皇帝の暗殺計画を命じる→　荊軻

高漸離　P.110 　←友人→　荊軻

荊軻　—暗殺計画を実行しようとする→　秦 始皇帝　P.46

高漸離

こう ぜん り

しんおう けいか

自らも秦王暗殺を企んだ、荊軻の友

生没年
生没年未詳

燕

武力 1

知力 4

政治 1

人格 3

気力 4

高漸離が残した実績

こう ぜん り

当代きっての筑の名手

高漸離は、古代中国で使われていた、「筑」という楽器の名手であった。彼が演奏する筑を聴くと、そこにいた誰もが涙を流すほどだったと言われる。秦王正暗殺を目論んだ、荊軻の友人でもあった。

しんおうせい

けいか

荊軻亡き後、始皇帝暗殺を企てる

し こう てい

友人であった荊軻が、秦王正の暗殺に失敗し、殺された後、その敵を討つかのように、高漸離も始皇帝暗殺を企てる。始皇帝の前で演奏をした際、鉛を仕込んだ筑を投げつけるも、失敗に終わる。

心を揺さぶる筑の音と、荊軻との友情

高漸離の出身地は定かではないが、荊軻（108ページ）とは、燕で出会ったようだ。荊軻と高漸離、そして犬殺しを仕事にしていたもう一人の男とともに、毎晩のように酒を飲み歩いていたという。そして、酔いが回ってくると、街の真ん中で、高漸離が筑を弾き、荊軻がその音に合わせて歌を歌い出す。最後には、感極まって、みんなで泣き出してしまったという。その様子は、あたかも、周りに誰も存在していないようなものであったことから、「傍若無人」という言葉が生まれたとされる。

筑は、全長117センチメートル、幅11センチメートルほどの大きさで、5本の弦を張り、それを竹の棒で叩いて音を出す。音程は、ギターのように、伸びた柄の部分を左手で握って調節する仕組みだ。戦国時代には、すでに存在していたようで、隋や唐の時代までは残ってい

たが、現在は使われていない。高漸離は、歴史上、最も有名な、筑の演奏家だ。

その筑の演奏は、荊軻が秦王正（46ページ）暗殺に向かうときにもなされたようだ。燕の易水という川のほとりで見送られたとき、高漸離は筑を奏で、荊軻はそれに合わせて歌った。見送りの者は、みなすすり泣いたとされる。

結局、暗殺計画は失敗に終わり、荊軻は殺されてしまう。

その後、高漸離は名前を変え、普通の雇い人としての生活を送っていたが、やがて、筑の名手であることが知られてしまい、最終的には、始皇帝の前で筑を奏でるまでになっていた。もちろん、始皇帝は、自身を殺そうとした者の友人を警戒しないわけもなく、高漸離は、失明させられた上で、演奏していたのだ。

高漸離は、そのような状況でも諦めなかった。筑の中に鉛を隠し入れ、始皇帝めがけて投げつけたのだ。しかし、それは始皇帝に当たることはなく、高漸離は殺されてしまったのである。

人物相関図

荊軻　P.108　←　友人　→　　高漸離　→　殺害しようとする　→　秦　始皇帝　P.46

高漸離

政治家

春申君
しゅん しん くん

考烈王を支えた、庶民出身の宰相
こうれつおう

生没年
生年未詳～前238年没

楚

武力 3
知力 4
政治 4
人格 4
気力 4

春申君が残した実績
しゅん しん くん

秦の昭襄王を説得する
しん しょうじょうおう

魏と韓を従え、楚への侵攻を考えていた、秦の
昭襄王に書状を送り、謁見を許される。その席で、
無駄な争いはするべきではないと弁舌をふるっ
て昭襄王を説得し、最終的に楚と秦の間での盟
約を結ぶことに成功する。

太子完の即位に向け尽力する
たい し かん

人質として秦に送られた太子完に、侍従として
付き添っていたとき、完の父である頃襄王が病
に倒れる。春申君は策略を巡らせて、太子完を
楚に帰国させる。頃襄王の死後、完は、考烈王
として即位した。

合従軍を率いて 秦を攻めるも敗北する

　春申君は、楚の庶民出身の政治家で、本名は黄歇という。若い頃は、諸国を回って見聞を広め、その後、頃襄王に仕えるようになる。

　前274年、秦の昭襄王（22ページ）は、魏と韓を従え、楚への侵攻を考えていた。黄歇は、昭襄王に書状を送り、無駄な争いはするべきではないと説いた。それに納得した昭襄王は、黄歇の謁見を許し、話を聞いて、楚との和平を決める。

　その後、和平の証として、楚の太子完が、人質として秦に行くことになり、黄歇は侍従として付き添った。

　前264年、頃襄王が病に倒れると、黄歇は、太子完をを帰国させるべく画策する。まず、秦の宰相であった范雎（32ページ）に、完の帰国を願い出る。しかし、昭襄王は認めてくれない。黄歇は、太子完を変装させて、楚へと帰した。それを知った昭襄王は激怒したが、范雎の取り

なしにより、なんとか難を逃れ、黄歇も帰国した。

　頃襄王の臨終に立ち会えた太子完は、考烈王として即位。黄歇は宰相となって、ここから春申君と名乗るようになる。

　前241年、楚・趙・魏・韓・燕の合従軍が秦を攻めた際は、その総司令として任にあたったが、函谷関で敗退。これにより、考烈王からの信頼を失なう。

　前238年、考烈王が病死すると、葬儀に向かう途中で、春申君は義兄にあたる李園（114ページ）の従者に殺害された。

漢時代の函谷関

函谷関の遺跡

▲函谷関は、守りの要衝であったことから、これ以前も多くの戦いの舞台となっている。前318年や、前298年のものが有名だ。

人物 相関図

秦
昭襄王 P.22 ──和平を説く──┐
范雎 P.32 ──人質について交渉する──┤
　　　　　　　　春申君（しゅんしんくん）
　　　　　　　　│食客
　　　　　　　　李園 P.114

楚
├──仕える──→ 頃襄王（けいじょうおう）
├──侍従として仕える──→ 太子完（たいしかん）

李園

（り　えん）

妹を使って楚の政治を牛耳った宰相

生没年
生没年未詳

楚

武力 1

知力 4

政治 4

人格 2

気力 4

思惑を持って、妹を春申君に差し出す

李園は趙の人で、後に楚に入り、春申君（112ページ）の食客になった。

当時、楚王である考烈王には、跡継ぎができなかった。そこに目をつけた李園は、自分の妹である李環を、まず春申君の側女として差し出した。やがて彼女が妊娠すると、次に考烈王の側室にすることに成功する。考烈王の元で生まれた子は、太子となり、それを利用して李園は、楚の政治にも大きく関わるようになる。

やがて考烈王が亡くなると、李園の甥でもある太子は、幽王として即位する。李園は、妹の件での口封じのためもあってか、春申君を殺害。自身は宰相となり、楚の政治を牛耳ったのだ。

人物相関図

李園

春申君　P.112

食客 →

← 殺害する

妹 → 楚　李環 ┐考烈王
　　　　　　　├ 親子
甥 → 幽王 ┘

政治家

春申君を説得した遊説家

汗明
（かんめい）

生没年
生没年未詳

楚

武力
1

政治
2

知力
4

気力
5

人格
3

巧みな演説で、春申君に取り入ろうとする

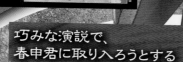

　汗明は、戦国時代の遊説家で、楚の春申君（112ページ）に謁見を望み、3ヶ月かかってようやく実現した。汗明の話を聞いた春申君は喜んだものの、汗明が重ねての対談を望んだことから、もう話は理解できたと言って帰そうとした。すると、汗明は、古代の王の名前を出し、「堯が舜を理解するのに3年かかった。春申君様も私を理解するのにもっと時間がかかるのではないか」と言ったという。これに納得した春申君は、以後、5日に一度は汗明に会うようにしたとされる。

　汗明はその後、自分を登用するようにと春申君に願ったというが、実際に登用されたかどうかは、わかっていない。

人物相関図

汗明（かんめい）

自分を売り込む →

春申君（しゅんしんくん）　P.112

項燕
こう　えん

秦を苦しめた、楚の大将軍

生没年
生年未詳〜前223年没

楚

武力 4

知力 3

政治 4

人格 3

気力 4

項燕が残した実績
こう　えん

西楚の覇王項羽に続く家系
せいそ　　　　　　こうう

項燕の家系は、代々楚の武将として活躍している。項燕の息子には、項梁や、項伯といった武将がいる他、孫には、西楚の覇王となった項羽がいる。それぞれの思いが、孫子の代までしっかりと受け継がれているのだろう。

李信と蒙恬の軍を撃破する
り　しん　もう　てん

前225年、秦の李信と蒙恬の軍が、楚に攻め込んでくる。一時は劣勢となった楚軍だが、項燕が指揮を執る軍勢が、城父において秦軍を奇襲する。これが功を奏し、秦軍の攻撃を防ぐことができた。

秦との戦いに生涯を費やす

　項燕の家系である項氏は、代々楚の武将として働き、項という邑に封ぜられていたとされる。項燕も、その血筋にあって、若くから楚に仕えていたと思われる。

　項燕について、まず見ていくべきは、その後の家系である。息子の項伯は、鴻門の会で劉邦（164ページ）を守ったことでも知られる武将で、その弟の項梁（178ページ）は、秦に対する反乱を主導した人物だ。そして、孫の項羽（180ページ）は、秦を滅ぼし、西楚の覇王となった。

　項燕が、秦との戦いで大きな成果を挙げるのは、前225年のことだ。当時、秦は、韓、魏、趙を滅ぼし、燕の都も陥落させていた勢いを持って、楚への侵攻を始めていた。李信（86ページ）と蒙恬（134ページ）が率いていた軍勢は、総勢20万。これは、同じく秦の王翦（72ページ）が、60万必要だと言ったものを、秦王正（46

ページ）が受け入れず、李信の20万という案を採用したことによるものだ。しかし、項燕の反撃を見ると、この判断が誤っていたことがわかる。

　李信は、部隊を二つに分け、自身の率いる軍と、蒙恬率いる軍で、それぞれ楚に勝利する。そして、その二つの軍が合流したところで、項燕の軍が襲ってきたのだ。実は、この作戦の前、項燕は、三日三晩、李信らを追跡し、機会を伺っていたのだ。さらには、最初に秦に勝たせたのも、李信らを油断させるための項燕の作戦だったという説もある。

　戦いの結果、項燕の軍が大勝する。秦軍は、2つの土城と、7人の部隊長を失うなど、大きな痛手を負った。

　翌、前224年、今度は、王翦が将となって、楚に侵攻してくる。今回は60万の大軍で、項燕の軍を奇襲する。楚軍は大敗し、楚王・負芻は、捕虜となってしまう。さらに次の年、王翦は楚軍を追撃し、項燕もそこで戦死する。こうして、楚は滅亡となるのである。

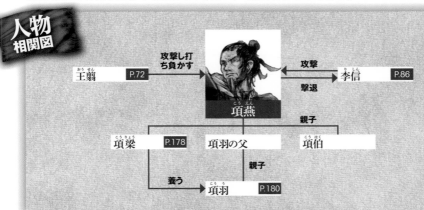

人物相関図

王翦　P.72　── 攻撃し打ち負かす → 項燕 ← 攻撃　撃退 → 李信　P.86

項燕 ── 親子 ──

項梁　P.178　　項羽の父　　項伯

養う → 項羽　P.180　← 親子

君王

斉王建（せいおうけん）

独自路線を貫いた、斉国最後の王

生没年
生没年未詳

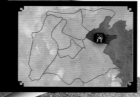

武力 1

知力 3

政治 3

人格 3

気力 3

秦の圧力に負け、戦わずして降伏する

斉王建は、斉の第7代襄王の子で、前265年に襄王が亡くなると、第8代の王に即位した。即位後は、母親の君王后が摂政として、政治に携わることになる。

前249年、君王后が亡くなり、その親族である后勝（119ページ）が、政務を行うこととなる。后勝は秦から賄賂を受け取り、斉王建が、秦以外の5国と手を結ばず、傍観するようにと仕向けた。この作戦は功を奏し、5国は滅んだ。

やがて、秦王正（46ページ）は、斉にも侵攻を開始する。それまで軍事力を強化していなかった斉王建は、戦わずして降伏。秦の捕虜となり、斉は滅んだ。こうして、秦による中華統一が完成した。

人物相関図

君王后	襄王
親子	

后勝 P.119 —仕える→ 斉王建 ←攻撃する— 王賁 P.84

　Illustration：怪人ふくふく

政治家

后勝（こうしょう）

賄賂をもらって秦へと取り入った、斉の宰相

生没年
生没年未詳

武力 1
知力 4
政治 3
人格 2
気力 3

斉に仕えながら、一方で秦にも取り入る

　后勝は、斉の国の政治家で、斉王建（118ページ）の母である君王后の親族だ。君王后亡き後、斉王建により宰相に任命され、政治を行うようになる。

　しかし、后勝にはもう一つの顔があった。当時、中華統一をもくろんでいた、秦王正（46ページ）の策略により、后勝は秦から多額の賄賂を受け取り、斉王建に対して、他の5国と合従せず、秦と和を結ぶよう働きかけていたのだ。さらには、軍事力の強化も怠っていたため、後に秦に侵攻されたときには、ひとたまりもなく、斉王建は戦わずして降伏する。

　后勝のその後についての記録は無いが、売国奴として誹りを受けたことだろう。

人物相関図

斉
君王后

親族

親子

秦
始皇帝　P.46

賄賂を送る

后勝

宰相に任命する

秦への降伏を勧める

斉王建　P.118

始皇帝研究の第一人者、鶴間和幸氏が語る①

新史料から見えてくる 本当の始皇帝像

新史料の発見や現地調査の進展により
新たな実像が見えてきた始皇帝。
最新の研究では始皇帝や彼に関わる人々の見方は
どう変わりつつあるのか、
本書の監修である鶴間和幸先生にお話をうかがった。

始皇帝の時代に繋がる 「商鞅の変法」

——秦の躍進の要因とされる「商鞅の変法」ですが、なぜ秦は急激な改革に成功したのでしょうか。

商鞅は衛の国の王族で秦に入って当時の秦王である孝公と出会いますが、当時の秦は保守派の貴族が強かったので、当然そんな外国人の言うことなんか聞けるかとなります。そこで孝公は商鞅と保守派を議論させたのです。それで、商鞅に論破させた上で彼の政策を採用していったのです。

じつは同じことを始皇帝もやっています。始皇帝が天下を統一したとき郡県制か封建制かの議論を李斯にさせているのです。『商君書』という商鞅の思想を書いた本があるのですが、そこに商鞅が反対派と議論したと書かれていて、この部分を始皇帝も読んでいたのではないでしょうか。

商鞅と始皇帝を結ぶ証拠のひとつは青銅製の升ですね。上海博物館にあるのですが、商鞅の銘文と始皇帝の度量衡の統一の銘文が一緒に刻まれているのです。統一した秦は戦国時代の秦の制度を東方の国に当てはめていくのですけど、それらは商鞅のときに作られたもので、秦はずっとこれを受け継いでいったわけです。

それから咸陽の周辺には小型墓がたくさんあるのですが、その中に殳という儀仗用の武器が納めてあって、この殳に商鞅の時代の銘文が書かれていたのです。先ほどの升もそうですけど、商鞅とのちの秦が結びついていたことがわかります。それから『睡虎地秦簡』（湖北省の睡虎地にて発見された秦代の出土史料）の中にも商鞅の変法に関わるものがだいぶ出てきています。

——しかし、商鞅は反対派によって処刑されますよね。なぜ彼の改革は始皇帝の時代まで引き継がれたのでしょう。

当時の秦の敵は隣国の魏で、魏を抑えるために軍事力を強化しようというのが秦の目的でした。で、魏との戦争は商鞅のやり方でう

まくいったんですね。だから、孝公が亡くなって商鞅が処刑されたあとも、次の世代に引き継がれていったんじゃないでしょうか。

——秦は西方の文化とのつながりも大きかったとのことですが、どういったところからわかるのでしょうか。

兵馬俑の将軍俑は１メートル85センチですけど、そうした大きな像を作る文化はおそらく西から入ってきたのではないかと思います。それと、これは私が初めて指摘したのですけれど、バックルのような装飾版にふたりの人物が描かれていまして、中国側は母子じゃないかと言っています。けれども、これはアフガニスタンでも出土したディオニソスとアリヤドネではないかと思っています。

それから始皇帝陵の西から金と銀のラクダの像が見つかっています。しかも、焼印が押してあるのです。焼印は遊牧民が自分の所有物だと示すためのもので、秦にそうした風習はありません。我々は武帝の時代に西域との交通が開かれたという認識だったのですが、実はそうではなくて秦の時代から入ってきていたことがわかってきました。

——そういった西方との交わりが秦の強大

▲昭襄王の時代に蜀郡の郡守・李冰が建設した灌漑施設。現在も活用されており、2000年にユネスコの世界遺産に登録されている。

化の一因になったという可能性はありますか。

そこは難しいところです。西の戎ではなくて、いろいろな西の文化を吸収してきたのが秦だという考えに改めないといけないのかなとは思いますが、国力との関わりはまだ検証が必要ですね。

始皇帝に多大な影響を与えた曽祖父・昭襄王

——始皇帝の統一の土台を築いたのは昭襄王とされていますが、彼はどういった人物だったと思われますか。

昭襄王は19歳で即位したのですが、当初は母親の宣太后と叔父の魏冄が権力を握っていました。それで、彼は宣太后と魏冄を切るわけです。そのあとに出てくるのが范雎ですね。范雎が出てきて昭襄王は初めて自分の政治ができるようになります。始皇帝も同じですね。彼も即位したときは呂不韋が実権を握っていたけど、李斯が出てきて自分の政治ができるようになった。このふたりは本当に似ています。始皇帝は昭襄王を手本にしたのかもしれませんね。

——昭襄王はどのようにして秦を拡大していったのでしょうか。

昭襄王の軍事的な進出は領土自体を広げるというよりも占領地を広げていく形でした。白起将軍が楚の都を占領して南郡を置きますよね。あれが典型で、東方の国の重要なところを占領していき、郡（外国の占領地のこと）を置く。そういう支配のやり方で斉と二大勢力になり、お互いに西帝、東帝と称した。これも、始皇帝の「皇帝」の使用につながって

います。やっぱり昭襄王のやったことを始皇帝はずいぶん見習っていますよね。

——始皇帝即位後に起きた合従軍との戦いについて聞かせてください。龐煖は蕞を攻めたと『史記』にありますが、本当に咸陽の近くまで行ったのでしょうか。

よくわからないんですよ。蕞という地名はそこだけしか出てこないのです。新豊県という始皇帝陵の近くの都市じゃないかと注釈にあるだけで、どこなのかわからない。もし、注が事実だとすると始皇帝領は咸陽のすぐ近くですが、本当にそんなところまで入ってこられたのかなとは思いますね。

——そのあとすぐ秦は衛を攻めていますが、秦にとって合従軍との戦いはたいしたものではなかったのでしょうか。

始皇帝は中国を統一したあと、これは正義の戦争だったと自己を正当化しているのですが、そのときにこの合従軍のことを持ち出しています。合従軍との戦いが起きたのは始皇6年（前241年）で、統一した年の20年前です。そんな昔のことを持ち出しているわけです。かつて六国は信義にそむいて攻めてきた、けしからんと。その意味では、この戦いはかなり重要だったのだと思いますよ。

——他国に攻められたという事実は始皇帝にとって大きかったんですね。

大義名分にするために、後になって大きくしたところもあると思います。この戦いが起きたとき、彼は19歳でまだ成人していません。もっぱら呂不韋が対応したわけで、本人がどれほど合従のことを恨みに思っていたかはわからないです。

出土史料が物語る 始皇帝の嫪毐への感情

——始皇帝に叛いた嫪毐ですが、彼はどんな人物だったと思われますか。

私はいろいろなところで嫪毐は見直すべきだと書いています。『史記』では面白く書かれていますが、実際問題として嫪毐の乱が起きたとき、彼に関わったとして蜀に流された家は4000家です。それほどの人間が彼に付いたわけです。しかも、彼は太原という重要地に領地を持っていました。そんな人がただの愛人ということはありえないですよね。

それで、嫪毐の乱に関して、また新しい史料が出てきたのです。『史記』には嫪毐の乱のことを私の乱、私乱と書いていて、これがどういう意味かわからなかったのですが、出土史料に「私奸」という字が出てきたのです。私奸の奸というのは正規には認めない婚姻関係、戸籍に登録しない結婚のことをいうんですね。

——「私奸」ですか。

はい、それで『嶽麓秦簡』（湖南大学が所蔵する秦代の竹簡）という同時代の史料があるのですが、そこに嫪毐に関すると思われる

合従軍が攻めた函谷関

▲函谷関は秦の孝公の時代に完成。当時は3層の楼閣が2棟あったといわれているが、秦末に楚の項羽によって破壊された。

3枚の竹簡がありまして、嫪毐の乱のことを「奸乱」と書いているのです。許されぬ情愛の「奸」と国家への反乱の「乱」を組み合わせた言葉です。つまり、趙姫と嫪毐の関係は奸で、嫪毐は国家に対する反乱を起こしたんだと。同時代にこんな言葉があったことがわかったわけです。これは辞書にもない言葉です。それで、『史記』にある「私乱」の「私」も「奸」のことじゃないかということがわかってきたのです。

それから、始皇帝が統一した年に全国の子供達に母の再婚者、血が繋がってない父親を「仮父」と呼んではいけないという法令が出されています。再婚は認めるけれども、子供たちに母の再婚相手を父と呼んではいけない、父を別にする子は兄弟姉妹と認めないというのですが、じつは酔っ払った嫪毐が自分は秦王の「仮父」だと言ったという漢代の文献があるのです。もし、それが本当だとすると、始皇帝は嫪毐が自分の仮父だと言っていたことを思い出して、それでこのような法令を出したのかもしれませんね。

征服事業でもあった 始皇帝の"天下一統"

——始皇帝の統一事業の方についてお聞きしたいと思います。特に画期的だと思われるのはどの部分ですか。

統一といっても征服ですからね。征服という部分が出ている政策に、もっと目を向けるべきだと思います。たとえば刀狩りを行って、集めた武器を溶かして金人十二体を作っていますね。これによって東方の国の力を削いでしまうわけです。また、咸陽宮に東方六国の

都にあった宮殿を移築していますが、そのときに元の宮殿を破壊し、宮中にあったものを略奪しています。これもかなり重要だと思いますね。そもそも始皇帝は統一ではなく、「一統」という言葉を使っています。「ひとつに統べる」、「諸侯を追放して皇帝ひとりが権力を握る」という意味で、これは征服事業でもあったわけです。

——ただ、『睡虎地秦簡』の「編年記」（秦での出来事と埋葬者の個人史を併記したもの）には、斉を滅ぼした始皇26年（前221年）に何も書かれていません。統一といっても民衆にはあまり実感がなかったのでしょうか。

それについて、またいろいろ史料が出てきています。この時代の暦は10月が1年の始まりで9月が年度末なのですが、では斉の国を滅ぼしたのが何月かというと『史記』には何も書いていません。司馬遷は月をあまり書かないですからね。

ところが、『嶽麓秦簡』から4月29日以前に天下はすでに併合されたという文面が出てきたのです。それから、『里耶秦簡』（中国の里耶古城の古井戸から発見された竹簡群）に王賁の名前が出てきまして、その王賁の話の中に「すでにことごとく斉の地を略す」という始皇26年の記事があったのです。『史記』でも、この年に王賁が斉王建を捕虜にしていますよね。同時代の史料で、その裏付けができたわけです。

では、斉を滅ぼしたのは何月だったのだろうというのを見ていくと、『嶽麓秦簡』に始皇26年の正月に新しい土地で6年以内に盗賊が出てきたらどうのこうのという文面があったのです。ですから、多分新年の10月早々に斉は滅びたのではないかと思います

ね。ちなみに、先ほどの嫪毐の話で出た仮父の律令は、この年の12月に下されています。出土史料は日付まで書かれているので、これによって始皇26年という大事な年の内容がだんだん埋まってきています。

出土史料に『史記』とは矛盾する記述が

——では、民衆レベルでも秦による統一は認識されていただろうと。

でしょうね。「編年記」には始皇26年に何も書かれていないので、私も最初は統一といってもたいしたことではないと思われていたのかなと考えていました。でも、やはりちゃんと認識されていたのだなということがわかってきています。この年はほかにも面白い史料があります。『史記』では第2回の巡行が行われた始皇28年（前219年）に始皇帝が湘山という洞庭湖の山を訪れていて、嵐で湖を渡れなかったため、怒って山の木を全部切らせてしまったと書かれています。

ところが、『嶽麓秦簡』に始皇26年の4月に始皇帝が湘山を訪れたという文面があったのです。今、天下を回っていて洞庭の湖を渡って湘山に登ったと。しかも、そのときに詔を下して、ここにある樹木は非常に美しいので切ってはいけないと命令しているのです。木を全部切って禿山にしたという『史記』と全く違うことが書いてあるわけで、司馬遷の記事にちょっと恣意的なものがあることがわかって驚きました。しかも、中国を統一した年に訪問したとなっています。『史記』では巡行は5回となっていますけど、実際はもっとあったと思いますね。

『帝鑑図説』に描かれた焚書坑儒

▲16世紀の明の時代に『帝鑑図説』で描かれた焚書坑儒。当時の人々が始皇帝と焚書坑儒をどのように捉えていたかがうかがえる。
国立公文書館デジタルアーカイブより

——始皇帝というと焚書坑儒が注目されがちですが、実際はどのようなものだったのでしょうか。

咸陽では知識人たちが今の政治を批判したりしていて、けっこう言論は自由でした。しかし、匈奴・百越との戦争が起きて戦時体制になったので、政治批判を抑えるために焚書坑儒をやったわけです。ですから、統一してから6年は詩、書、百家の書を禁止したりしていません。巡行先で立てた刻石の文言に親子関係や夫婦関係を重視した言葉が出てきますし、秦の官吏の心得を書いた「為吏之道」という出土史料にも、父子や君臣の秩序を守りなさいという儒教的なことが書かれています。ですから、焚書も一時的に知識人を抑えようとしたもので始皇帝は儒家を否定したわけではない。そういう見方をしていかなければいけないと思います。

→188ページに続く

始皇帝研究の第一人者、鶴間和幸氏が語る①

李斯

第三章

始皇帝の大革命

~皇帝即位と巨大事業の数々~

始皇帝の大改革
～皇帝即位と巨大事業の数々～

「皇帝」号を自ら考案 いくつもの改革を実行

天下統一を果たした趙正は王号を廃し、「皇帝」を名乗った。「皇」は煌々たるという「帝」を形容する言葉で、皇帝はいにしえの伝説の君主、三皇五帝を超えた光り輝く上帝という意味を持つとされており、人間を超えて天に近づく存在にならんとする趙正の意志が見て取れる。この「皇帝」という称号は漢以降の王朝でも用いられ、2千年後の清の時代まで使われ続けることになる。

始皇帝となった趙正は数々の改革も行っている。文字、度量衡、貨幣の統一など中央集権化を目的とした事業が注目されがちだが、旧六国で武器の所有を禁止する刀狩りを実施するなど、東方の国々の力を削ぐための政策も目立つ。六国の宮殿を破壊し、咸陽宮周辺に移築するといったことも行っており、秦の統一が征服事業でもあったことがうかがえる。

秦の半両銭

▲統一前から秦で使われていた半両銭を中国全土で使用できる共通貨幣とした。

始皇帝の行ったおもな事業・改革

事業の種類	実施・開始した年	事業の内容
「皇帝」を名乗る	前221年	新たな称号「皇帝」を自ら考案し、諡号を廃止する
「五徳終始説」の採用	前221年	五徳終始説に基づいて、水徳を王朝の五行として採用
郡県制の導入	前221年	天下を36の郡に分け、それぞれの郡に守、尉、監を置いたとされる
文字・度量衡・車軌の統一	前221年	秦の諸制度を統一国家の制度とすることを定める
六国の武装解除（刀狩り）	前221年	旧六国の武力・経済力を削ぐため各地方での武器の所有を禁ずる
中国全土への巡行	前220～210年	中国全土を巡り、秦の徳を顕彰する刻石を各地に建てる
街道や運河の整備	前220年	皇帝専用の道路・馳道や匈奴対策のための直道などを整備
匈奴・百越への出兵	前215年	北の匈奴、南の百越との戦争に乗り出す
長城の建設	前214年	北の防衛体制を固めるため長城の建築に着手する
焚書による思想統制	前213年	詩（経）・書（経）・諸子百家の書を焼き、思想統制をはかる
阿房宮の建築	前212年	新たな宮殿・阿房宮の建設や自身の陵墓となる驪山宮の造営を開始

皇帝の権威を示すべく中国全土を巡行

始皇帝は天下を統一してから亡くなるまでの間に5回にわたる「巡行」を行ったとされる。巡行とは皇帝が自ら国内を見て回ることで、その目的は皇帝の威信を中国全土に誇示することにあった。

第1回目の巡行は前220年に行われ、咸陽の西の隴西、北地、鶏頭山などを巡ったという。5度の巡行で唯一の西行で、秦にゆかりの深い地を回っていることから、祖先の霊に天下統一を報告するためのものだったと考えられている。

初めて東方に向かった前219年の2度目の巡行では、泰山で「封禅の儀」を執り行っている。霊峰とされる泰山で天を祀る「封」、地を祀る「禅」の儀式を行い、天地に自らの即位を知らせるというもので、天命を受けた帝王だけが行えるとされていた。この泰山封禅で始皇帝は秦が周に代わる王朝であることを天下に示そうとしたのである。

さらに、始皇帝は巡行の際に東方の山と海に七つの刻石を立てたと「史記」秦始皇本紀は伝える。秦の天下統一の偉業を顕彰したもので、之罘山に立てたとされる刻石には「六国はよこしまで民を虐殺する無道を行ったので、民衆のために正義を行った」といった文言が刻まれている。このように始皇帝の統一事業を正当化する政治的な内容が目立つが、一方で琅邪台の刻石には「季節の行事を明らかにして生産を盛んにした」といった記述が見られる。つまり、滅ぼした国の祭をあえて行ったわけで、こうした祭祀の利用も征服した地の支配には必要なことだったのだろう。そこには、硬軟を使い分けながら統一事業を進めようとする秦の姿勢がうかがえる。

ちなみに、「史記」では5回となっている巡行だが、近年発見された出土史料から、始皇帝が天下を統一した年に南方の湘山という地に来ていたことが判明している。そのため、巡行の回数はもっと多かったという見方も存在する。

始皇帝が行った泰山封禅

▲最後に泰山封禅を行ったのは紀元前11世紀ごろの人物とされる周の成王で、始皇帝の時代には儀式の正確な手順はわからなくなっていたという。

琅邪台刻石

◀始皇帝の立てた刻石は7つ存在したとされているが、現存するのはふたつの刻石の一部のみである。画像はそのひとつである琅邪台刻石。

匈奴・百越との戦争と焚書による思想統制

　秦の天下統一から6年経った前215年、始皇帝は匈奴討伐の兵を起こした。匈奴は北方を支配する遊牧民を中心とした国家で、頭曼単于という者が治めていた。

　始皇帝の命を受けた秦の将軍蒙恬は30万の兵を率いて匈奴の支配する河南（現在のオルドス）に侵攻。匈奴を北へ追いやり、この地に34の県を置いた（44県ともいわれる）。さらに黄河を渡って高闕、陶山、北假という地を取り、それらの地に流罪人を送って住ませたという。

　同時期に南方の百越の討伐にも乗り出している。百越は長江の南に住む者たちの総称で、まとまった国家ではなかった。始皇帝は匈奴討伐を超える50万の兵を送るが、国家間の戦争というより開拓移住の意味合いが濃かったようだ。

　これらの対外戦争をきっかけに始皇帝は再び軍事体制を敷いた。前213年に臨挑から遼東にいたる「万里の長城」を建築。さらに「直道」と呼ばれる全長700キロメートルの軍事道路を整備し、咸陽と繋いで首都の兵士を素早く北方に送れるようにした。また、軍隊や食糧輸送のための運河の建設なども進めている。

　そうした状況で前213年に行われたのが「焚書」である。詩（経）・書（経）・百家などの書の焼却を命じた悪名高き法令で、従来は儒家弾圧政策のひとつとされていたが、現在では戦争批判の封殺を目的とした思想統制の一環だったという見方が強まりつつある。翌年に、人民を惑わしたとして諸生（学者）460人以上を穴埋めした「坑儒」も起きているが、こちらも儒者だけが弾圧されたわけではなく、諸生全般が対象であった。無論、残虐な行為には違いないが、通説にあるような文化弾圧的なものではなかったことは踏まえておきたい。

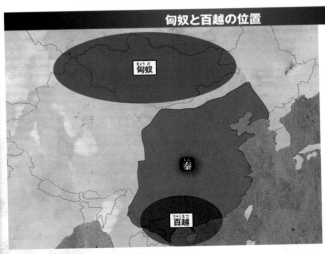

匈奴と百越の位置

匈奴

秦

百越

◀匈奴は前4世紀ごろから存在していたとされる遊牧騎馬民族でオルドスを領していた。一方、百越は長江以南〜現在のベトナム北部の異民族の総称で、ひとつの国家を形成していたわけではない。

始皇帝の死と二世皇帝胡亥の即位

前210年、始皇帝は最後の巡行に出た。過去最大規模のもので左丞相の李斯と始皇帝の末子の胡亥が同行、右丞相の馮去疾が留守を預かったという。ところが、始皇帝は平原津まで来たところで病に倒れる。病状は悪化の一途をたどり、沙丘平台という地でついに死去した。

巡行に同行していた側近の趙高は李斯と謀って始皇帝の遺詔を偽造し、胡亥を太子にしたと秦始皇本紀にはある。だが、出土史料の「趙正書」によると、始皇帝が後継者について李斯や馮去疾らに議論させ、彼らの提案を受けて自ら胡亥を後継者に指名したという。「趙正書」の成立年代は武帝期の前半、「史記」は晩年とほぼ同時期で、どちらが正しいかは判断できない。ただ、始皇帝の死をめぐる「史記」の記述に疑問が生じたことは確かで、今後の研究の進展を待ちたい。

二世皇帝となった胡亥だが、即位時はまだ12歳の少年だったと見られており、補佐役の趙高が国政の実権を握った。趙高は皇帝の巡行や阿房宮の建設など、始皇帝の事業を引き継ぐが、胡亥が即位した前209年に東方で陳勝と呉広が率いる農民軍が蜂起。これをきっかけに各地で反秦の火の手が上がり始める。一方、宮廷内でも胡亥を擁立した趙高と李斯の対立が激化。李斯が謀反の容疑で死罪に処され、趙高が丞相の地位に就くなど混乱が続き、秦帝国は崩壊の道をたどっていくことになる。

最後の巡行となった第5回の巡行ルート

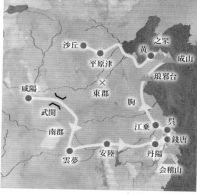

▲始皇帝の最後の巡行は東南の雲夢から会稽山を登り、北上して琅邪や之罘山などをめぐるという大規模なものであった。

始皇帝終焉の地

▲始皇帝の最後の地となった沙丘平台。ここで始皇帝は50年の生涯を終えた。現在も河北省広宗県に史跡が残されている。

酈山陵（始皇帝陵）

▲現在の始皇帝陵。その東には始皇帝を守るための8000体以上の兵士の像が埋蔵されている兵馬俑がある。

秦の隆盛を支えた、始皇帝のブレーン

李斯_{り　し}

生没年
生年未詳～前208年没

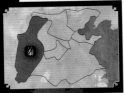

武力 1
政治 4
気力 4
人格 2
知力 4

李斯が残した実績

秦による統一事業に貢献

秦の統一にあたって、始皇帝が実施した政策の多くは、李斯の発案によるものだった。封建制から郡県制への移行や、長さや重さの基準である、度量衡の統一など、その功績は多岐にわたっている。

焚書令の実施

秦の歴史の記録を除いて、史官にある文書を全て焼却するという、「焚書」も李斯による施策だ。これにより、過去の歴史を学んだ学者たちが、現体制を批判するのを防ぐことが狙いだったとされる。

秦王の元で多くの策略をめぐらす

李斯は、もともと秦の人ではなく、楚の地方の役人だった。その後、思想家として名高い荀子の門を叩き、そこで帝王学を学んだ。

学問を身につけた李斯であったが、自分のいる楚などでは、さらなる功績を立てるには物足りないと感じ、当時一強状態となりつつあった秦へと向かった。

秦へと入った李斯は、呂不韋（56ページ）の元で仕えることになり、そこで才能を認められて、王の近侍である郎に抜擢される。ここで、その後長きに渡り仕えることとなる、後の始皇帝（46ページ）との関係が始まるのである。

王に仕えた李斯がまず行ったのは、他国の将軍と王の間に策をめぐらし、その関係を割る、離間と呼ばれる戦略だった。この作戦を功を奏し、その功績によって、李斯は、客卿（他国出身の大臣）となったのである。

順調に出世をしていった李斯だったが、前237年、前年に起こった嫪毐（64ページ）の乱や、鄭国（68ページ）のスパイ事件などにより、秦国内で、「外国人を追放すべき」という声が上がり、秦王は、他国人を追放するという、逐客令を出そうとする。李斯は、自身が外国人であったこともあり、秦国内で、外国人がどれだけ功績は挙げたかを説く文章を書き、秦王正に献上。それを読んだ正は、考えを改め、逐客令を撤回した。この時、正に出された書は、美文として名高く、歴代の名文や詩歌を集めた「文選」にも収録されたほどだ。

李斯が門を叩いた荀子

思想家・荀子の肖像画

◀李斯が教えを学んだ荀子は、人の性は悪であるとする「性悪説」を説いた。李斯の、法によって国を統治する考えは、これに基づいている。

人物相関図

秦

韓非　P.90　—同門→　李斯　—仕える→　始皇帝　P.46
　　　　　←殺害　　　　　　←信頼

趙高　P.142　—同僚→　李斯　李斯　—仕える→　胡亥　P.144
　　　　　罪を着せ処刑させる

また、ある時、正は、かつて李斯とともに荀子の教えを受けた韓非（90ページ）の書を読み、「これを書いた人と会えるなら、死んでもかまわない」と言うほどの感銘を受けた。やがて、その願いは叶えられ、韓非は秦に迎えられる。面会を果たした正はさぞかし喜んだことだろう。しかし、韓非が重用されれば、自分の地位が危うくなると考えた李斯は、「韓非は、韓の王族であり、秦の利益にはならない」と正に進言し、韓非を投獄してしまう。そして、獄中の韓非に毒を渡し、自殺に追い込んだのである。このように、李斯には、競争相手を殺してでも、地位を得ていこうという冷徹さもあったのだ。

郡県制への移行と、焚書を推進する

前221年、秦が中国を統一し、正が始皇帝となる。丞相であった李斯は、新たな国造りの施策にも多く取り組んでいく。

まず李斯の意向が強く反映されたのは、その統治制度だった。それまでの秦の体制は、国内の地域を、諸侯に治めさせる「封建制」であった。一方、李斯が強く主張したのは、中央から派遣された官吏によって統治を行う「郡県制」だ。

そして、李斯が強く働きかけて統一されたものには、文字と単位がある。

文字は、それまでバラバラに使われていた書体を、小篆とし、単位については、長さを表す「度」、体積の「量」、重さの「衡」を定め、税の徴収などに役立てた。

一方、李斯の政策の中で、悪評が高い

第三章 始皇帝の大改革
李斯

統一された文字

篆書（小篆）　　　隷書

▲「小篆」は、戦国時代に使われていた書体である「大篆」を簡略化したもの。隷書は、当初小篆に近く、次第に形が離れていく。

COLUMN **封建制と郡県制の違い**

封建制	郡県制
王	皇帝
統治を任せる	派遣する
諸侯　諸侯　諸侯	官吏　官吏　官吏

封建制は、王の下にいる諸侯たちがそれぞれの地を治める体制。諸侯たちは、その対価として年貢や軍事奉仕などの義務を負う。

郡県制は、中央から派遣された官吏によって統治が行われる体制。諸侯による反乱が起こらないなどのメリットがある。

焚書令で焼却された『書経』

▲書経は、中国の歴史書で、政治上の心構えや訓戒などが書かれている。李斯の考えと異なる、儒教の書物であることから焼却された。

のが、「焚書」だ。これは、これまで蓄積された文書を、秦の歴史書以外全て焼却させるというもので、多くの貴重な資料が失われた。李斯は、過去の歴史を学んだ学者たちが、現在の体制を批判することを恐れたとされている。焚書令は罰則も厳しく、書について論じるものがいれば、死刑にされていたという。

始皇帝の死により、胡亥を支援する

前210年、始皇帝が逝去すると、後継者を巡って、様々な思惑が渦巻いた。始皇帝は、生前、長兄である扶蘇（146ページ）を指名したとされるが、李斯は、趙高（142ページ）とともに、偽の遺詔を作成し、末子である胡亥（144ページ）を二世皇帝に即位させた。もちろん、始皇帝亡き後も、権力の座にありたいという思いからだろう。しかし、そこで李斯の命運も尽きてしまう。実権を握った趙高の策略によって、謀反の罪を着せられ、処刑されてしまうのだ。数多くの施策を実行に移し、権力を手に入れた李斯だったが、その最期は悲惨なものであった。

李斯の肖像画

功罪両面がある李斯

◀焚書令を始めとした施策や、偽の遺詔を作ったことなどで、悪評が高いが、法家の実務の完成者とされるなど、功績を評価する声も多い。

COLUMN　法家と儒家の違い

焚書令には、法家と儒家という考え方が大きく関わっている。李斯は、儒家が考えるような、徳による統治ではなく、法による統治を目指した。

法家	儒家
・法を元に国家を治める ・性悪説に基づく ・法律に従う者には褒美を与え、従わない者には罰則を下す	・徳によって国家を治める ・派によって性善説と性悪説に分かれる ・仁義や礼儀を重んじる

■儒家の始祖である孔子

◀春秋時代の思想家で、3000人もの弟子がおり、諸子百家の代表格。その教えは、後に中国の国教にもなった。

武将

蒙恬 (もうてん)

北方を守り、匈奴と戦った名将軍

生没年
生年末詳〜前210年没

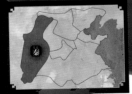

武力 4
知力 3
政治 4
人格 4
気力 5

蒙恬が残した実績

匈奴を討伐し、オルドスの地を奪う

秦の北方に位置し、遊牧民族を中心とした国家である匈奴と戦い、国の境にある豊かな草原地帯オルドスの地を奪った。戦いに勝利した後も、蒙恬は現地にとどまり、引き続き匈奴対策にあたった。

長城の建設、直道の整備に携わる

北方遊牧民の攻撃から守るために作られた万里の長城。蒙恬は、秦の時代の長城建設に携わった。また、首都・咸陽から北に延びる軍用道路、直道の整備にもあたった。直動と長城は北側で直結されていた。

将軍として、匈奴討伐を成功させる

　蒙恬は、昭襄王（22ページ）の代から秦に仕えていた将軍、蒙驁（70ページ）の孫である。蒙驁は、韓や趙との戦いで、戦果を挙げていた人物であり、また、その息子で、蒙恬の父である蒙武も秦の将軍であったことから、始皇帝（46ページ）からの信頼も厚かったと思われる。

　最初に宮廷に入ったのは、文官（軍人ではない官吏）としてで、裁判などに関わっていたという。その後、祖父や父の跡を継いで軍人となった。

　前225年の楚討伐の際には、李信（86ページ）の副将として戦いに加わり、勝利を収めた。前221年には、将軍となり、王賁（84ページ）、李信とともに斉を攻めて討伐に成功。秦の統一に大きな成果をもたらした。

　蒙恬の功績で、一番大きいのは、匈奴の討伐だ。匈奴とは、秦の北方に位置する、遊牧民族を中心とした国だった。

秦が統一を果たした時代には、頭曼単于というリーダーが匈奴を治めていた。

　前215年、蒙恬は30万の兵を率いて北方へ向かった。目指したのは、当時匈奴が支配していたオルドス地方だ。

　オルドスは、西・北・東の三方を黄河に囲まれた豊かな草原地帯であり、軍馬を養い、強力な軍事力を維持するためには、どうしても欲しい地域であった。

　蒙恬は、匈奴との戦いに勝利し、オルドスを秦のものとした。始皇帝は、そこに犯罪者を移住させ、44の県を置いた。

蒙恬が戦った騎馬民族

騎馬民族の様子

▲匈奴は騎馬民族であったため、長城によってその侵攻を抑えることができた。蒙恬や始皇帝の死後は、再びオルドスを取り戻した。

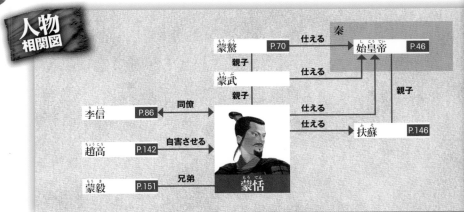

人物相関図

秦

蒙驁　P.70　仕える　→　始皇帝　P.46

親子

蒙武　仕える

親子　　　　　　　　　　親子

李信　P.86　←同僚→　　　蒙恬

趙高　P.142　自害させる

蒙毅　P.151　兄弟

仕える

仕える　→　扶蘇　P.146

第三章　始皇帝の大改革

蒙恬

北方の地に残り、長城や直道の整備に尽力する

匈奴との戦いに勝利した蒙恬は、その後もオルドスなどの辺境の地に留まり、直道や長城の建設に尽力する。

直道とは、匈奴対策のために、首都・咸陽から北に向けて作られた道路である。

一方の長城は、現在も「万里の長城」として知られている、国の北側に延びる防壁だ。蒙恬の時代に作られたものは、高さは2メートルほどであった。これは、騎兵の侵入を防止することを目的として

戦いの舞台となったオルドス

現在のオルドス地方

▲オルドス地方は、大部分が海抜1500メートル前後の高原で、一部はステップや砂漠などの地域がある。

いたため、そのくらいの高さで十分だったためである。

長城の建設には10年の歳月と、50万とも100万とも言われる、膨大な人員がかかった。最終的には、西の臨洮から東の遼東まで、約6000キロメートルにも及ぶものとなった。尚、直道は北側で、この長城に直結されていた。

蒙恬は、こうして秦の北側の守りを固めていったのである。

趙高らの陰謀により、捕らえられる

匈奴との対応で、実績を挙げた蒙恬は、始皇帝からも大いに喜ばれ、弟である蒙毅（151ページ）も国に取り立てられることとなった。

そんな中、始皇帝の焚書令に反対して、怒りを買った、始皇帝の長男・扶蘇（146ページ）が、北方にいた蒙恬の元に送られてきた。蒙恬は、扶蘇のもとで匈奴対策に当たることになるわけだが、これには、扶蘇が蒙恬の監視役になるという意味もあったのではないかと推察される。

とは言え、行動をともにする、蒙恬と

蒙恬の主な動き	
年	**出来事**
始皇22年（前225年）	李信の副将として楚討伐に加わり、勝利する
	城父の戦いで、楚の項燕に大敗する
始皇26年（前221年）	将軍となる
始皇32年（前215年）	30万の軍を率いての匈奴征伐に向かう
	オルドス地方を奪う
	長城、直道の築造を担当する
始皇35年（前212年）	坑儒が起きる。それを批判した扶蘇が蒙恬のもとに来る
始皇37年（前210年）	始皇帝の死により、趙高と李斯が謀をし、蒙恬を死に追いやる

現在の万里の長城

近年の長城の様子
▲万里の長城は、その後の王朝でも整備が繰り返された。1987年には世界遺産にも登録され、多くの観光客が訪れている。

扶蘇との関係は深くなっていった。これが、始皇帝の死後、彼らの運命を大きく左右することになる。

前210年、巡行の途中で始皇帝が亡くなる。死の間際、始皇帝は扶蘇に宛て、「咸陽に戻って葬儀を主宰せよ」との遺詔を作成し、趙高に託していた。これが、跡継ぎを扶蘇にするという、立太子の文書となるはずだった。しかし、その文書は破棄されてしまう。首謀者は、趙高（142ページ）と李斯（130ページ）、そして、始皇帝の末子であった胡亥（144ページ）だった。

彼らは、偽の遺詔を作成した。そこには、胡亥を太子にするということ、そして、扶蘇と蒙恬に死を賜るということが書かれていたのだ。

偽詔を見た扶蘇は、かつて父親の方策を諫めたことを後悔し、自害した。しかし、蒙恬は、それが偽詔であることを疑ったため、監禁されてしまう。獄中で蒙恬は、ずっと秦王家を支えてきた蒙一族を断罪するというのは、悪意あるものの陰謀だと訴えるが、これが聞き入れられることはなかった。やがて、胡亥から自殺命令が届くと、諦めて毒を飲み、自殺をした。

筆を最初に作ったという説も

現在使われている筆
▲蒙恬が獣の毛を集めて筆記具を作り、始皇帝に献上したのが、世界で最初の筆だという説がある。その後の発見により、この説は覆されている。

始皇帝が築いた長城

オルドス

咸陽

—— 秦が統一後に築いた長城
······ 現在の長城　—— 直道

◀秦代の長城は、現在残っているものよりも、北側に作られていた。また、直道は約700キロメートルもの長さになり、北方への軍事道路の役割を担っていた。

盧生・侯生
（ろせい・こうせい）

始皇帝に仙薬作りを命じられた二人の方士

武力 1
知力 4
政治 3
人格 2
気力 4

武力 1
知力 4
政治 2
人格 2
気力 3

生没年（盧生・侯生とも）
生没年未詳

燕
秦

盧生・侯生が残した実績

神のお告げを始皇帝に伝えた

盧生は、始皇帝に対し、「録図書」、という予言書を渡した。そこには、「秦を滅ぼす者は胡なり」と書かれていた。この胡とは匈奴のことであり、これがきっかけとなって蒙恬の匈奴討伐へとつながっていった。

仙薬を作ることができず逃亡した

盧生と侯生らは、始皇帝から作るよう命じられた、不老不死の仙薬を作ることができなかった。これによる不信感から、460人以上の諸生らを穴埋めにして殺害するという、「坑儒」につながったとされる。

二人の方士の行動が、始皇帝の策に影響する

盧生と侯生は、いずれも秦の時代の方士である。方士とは、占いや瞑想といった方術によって、不老不死などを成し遂げようとした修行者のことで、始皇帝（46ページ）も積極的に交流を持っていた。ただし、中には、権力者に自分を売り込むことを目的とした者もいたようだ。

前215年、始皇帝が第4回の巡行で碣石に行ったとき、盧生は仙人の羨門、高誓を探すよう命じられる。盧生は海上から帰ると、始皇帝に「録図書」、という書を渡した。そこには、「秦を滅ぼす者は胡なり」と書かれていた。この「胡」とは、秦の北方に勢力を持っていた匈奴のことであり、この文書が、その後の蒙恬による匈奴討伐へのきっかけの一つになったのではないかとされている。

他にも、盧生は、始皇帝に「奇薬や仙人を探したが、出会うことができませんでした。方術には、『人主時に微行（ひそかに出歩くこと）をなし、もって悪鬼を去れ』とあります。いまは天下を治めておられますが、まだ無欲にはなっていません。どうぞ主上のおられる場所を、人に知られないようにしてください」と話したこともある。これを聞いた始皇帝は、自分を真人と称し、咸陽付近の宮殿の間を、壁があって外から見ることができない甬道で結んだ。そして、もし居場所を話す者があれば死罪にしたとされている。

このように、方士の言葉によって、様々な施策が行われたのにもかかわらず、盧生も侯生も、仙薬を作り出すことができず、始皇帝の元から逃げ出した。それどころか、方士や諸生たちの中には、始皇帝の体制を批判し、民衆を惑わする行動に出る者までいたという。

始皇帝はこれに大いに怒り、咸陽にいた諸生らを皆調べ上げさせた。彼らは互いに罪をなすりつけ合い、言い逃れしようとしたため、460人以上の諸生を穴埋めにして殺害してしまった。これが、世にいう「坑儒」である。

第三章　始皇帝の大改革

盧生・侯生

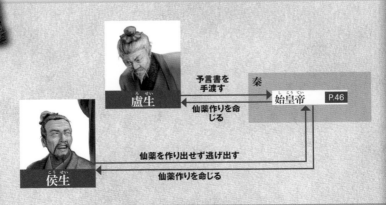

人物相関図

盧生（ろせい）

予言書を手渡す →
← 仙薬作りを命じる

秦
始皇帝（しこうてい）　P.46

侯生（こうせい）

仙薬を作り出せず逃げ出す →
← 仙薬作りを命じる

方士

徐福（徐市）

日本に渡った伝説もある斉の方士

生没年
生没年未詳

武力 2
知力 4
政治 4
気力 4
人格 3

徐福が残した実績

不老不死の薬を探すと持ちかける

不老不死を願う始皇帝の前に現れ、東方の海にある、仙人が住むという三神山に行って、不老不死の霊薬を探してくると話し、資金の提供を持ちかけた。始皇帝は、この話を信じ、資金を提供した。

3000人もの人を率いて船出する

一度目の船出で、仙薬を持ち帰れなかった徐福は、始皇帝に、さらなる大規模な探索を申し出る。それにより、若い男女3000人、多くの技術者、金銀財宝を積んだ大船団を率いて、再度船出することになった。

不老不死の仙薬を求めて
二度の船出をする

　徐福は、斉の国の方士で、不老不死を求める始皇帝（46ページ）に対し、東方の海にある、仙人が住むという三神山（蓬莱・方丈・瀛州）に行き、不老不死の薬を探してくると申し出た。当然それには莫大な資金が必要だ。始皇帝はそれを了承の上、資金援助をし、徐福は船出した。

　しかし、船出をした徐福は、なかなか戻らなかった。そして、始皇帝の第5回の巡行中、始皇帝と再会するのである。当然、不老不死の薬など手に入っているはずもない。徐福は嘘の話をするしかなかった。

　「蓬莱の薬は入手できるが、大鮫に苦しめられて行き着くことができない。どうか弓の名手と一緒に出かけ、連発の弩で射止めさせて欲しい」、徐福はそう訴えた。始皇帝は、その言葉を聞き、徐福に再度チャンスを与える。そして、徐福は、若い男女3000人、多くの技術者、五穀

の種、金銀財宝を積んだ大船団を率いて、再び船出をしたのである。

　その後、徐福が戻ることはなく、始皇帝は、不老不死を夢見ながら、50年の生涯を終える。

　徐福のその後については、平原広沢の地にたどり着き、そこで王になったという話が伝わっている。平原広沢とは、黄河、淮水、長江下流域の平原と、そこに点在する湖沼のことである。

　また、別の説では、徐福は日本にたどり着いたという伝説もある。

航海に出る徐福（歌川国芳画）

船出する徐福たち
▲日本国内では、三重、和歌山、佐賀、京都などで、徐福に関する伝説が伝わっており、その墓などの遺構も残されている。

人物相関図

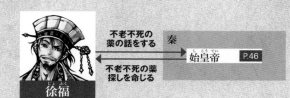

不老不死の薬の話をする

秦　始皇帝　P.46

不老不死の薬探しを命じる

徐福

趙高
ちょう　こう

権力の座にしがみついた秦の悪臣

生没年
生年未詳～前207年没

秦

武力 1
知力 4
政治 4
人格 2
気力 4

趙高が残した実績

始皇帝の死後、策略を巡らす

前210年、始皇帝は亡くなった際、長兄である扶蘇を後継とするよう、遺詔を残していた。しかし、趙高は李斯と結託してこれを破棄、末子であった胡亥を即位させ、自身の傀儡体制を確立した。

邪魔者を排除し実権を握る

自分の意のままに操れる胡亥を即位させるにあたり、協力関係にあった李斯を、謀反の罪を着せて殺害した。また、趙高のやり方に疑問を抱いた胡亥のことも邪魔になり、自殺に追い込んだ。

権力を握るためには
手段を選ばなかった

　趙高は、もともと始皇帝（46ページ）の末子である胡亥（144ページ）の教育係をしていた。かつては、去勢された男子である宦官とされていたが、近年の研究によると、必ずしもそうではなかったようだ。

　その後、晩年の始皇帝に寵愛され、宮中に引き上げられた。そんな趙高が、権力を手に入れようと暗躍するのは、始皇帝が逝去したときだ。

　始皇帝は、亡くなる間際、長兄である扶蘇（146ページ）を跡継ぎとするよう遺詔を作成し、趙高に託した。しかし、趙高はこれを握りつぶし、李斯（130ページ）とともに遺詔を偽造する。そこには、自分の意のままに操れるであろう、始皇帝の末子・胡亥を太子に立てると書かれていた。

　趙高らの企みは成功し、胡亥は二世皇帝に即位。趙高による傀儡政権が出来上がった。

　権力を欲しいままにしていた趙高だったが、各地で反乱が起こるなどして、次第に政権が危うくなってきた。すると、この状況を打破するには、皇帝の首をすげ替えることが得策だと考え、二世皇帝・胡亥を自殺に追いやった。こうして趙高は、胡亥の甥にあたる子嬰（147ページ）を即位させた。しかし、趙高の命運もここまでだった。自らの命も危ういと考えた子嬰によって、趙高は殺害されてしまうのである。

悪名の高い趙高

趙高の肖像画
▲胡亥の死後、趙高は、自分が皇帝になることも考えていたという。しかし、周囲にそれを認める人はいなかった。

人物相関図

秦

扶蘇　P.146 ——————親子—————— 始皇帝　P.46

仕える

自殺に追い込む　　　　信頼　　　　　親子

同僚　　　　　　　　皇帝につかせる　胡亥　P.144

李斯　P.130　　　　即位させる　　　甥

罪を着せ処刑させる　殺害する　　　　子嬰　P.147

趙高

胡亥
（こ がい）

策略によって即位した二世皇帝

生没年
生年未詳〜前207年没

武力 1

知力 3

政治 4

人格 3

気力 3

秦

胡亥が残した実績

遺詔の偽造に関与し皇帝となる

父である始皇帝が亡くなった際、趙高、李斯と結託して、遺詔を偽造。それにより、兄である扶蘇を自害に追い込み、自身が二世皇帝に即位する。その際、兄弟や重臣などで、即位に疑問を抱いていた人を粛清した。

始皇帝の政策を引き継ぐ

二世皇帝に即位した胡亥は、始皇帝の政策を引き継ぎ、始皇帝陵や阿房宮、万里の長城などの大規模建設を続けた。これらの政策は、人民の生活を圧迫し、心が離反、反乱に繋がる要因となった。

趙高に操られた 二世皇帝の悲劇

始皇帝（46ページ）の末子として生まれる。前210年、始皇帝が亡くなると、趙高（142ページ）や李斯（130ページ）と結託し、偽の遺詔を作成。兄である扶蘇（146ページ）を自害に追い込んだ。

前209年に二世皇帝に即位。諸説あるが、このときの年齢は、わずか12歳であったとも言われる。そのようなこともあり、実権を握ったのは趙高だった。

ある時、趙高は胡亥に対し、鹿を献上し、「これは馬だ」と言い張った。胡亥は、鹿ではないかと訝しんだが、趙高の権力を恐れる群臣たちは、「馬です」と言ったという。これが「馬鹿」という言葉の語源になったとされる。趙高と胡亥の関係性については、さまざまな見解があるが、大きな影響力を持っていたのは間違いないだろう。

胡亥は、始皇帝の政策を引き継ぎ、始皇帝陵や、新しい宮殿である阿房宮、万里の長城などの大規模建設を推進した。しかし、それらの政策は、人民の生活を苦しくしたため、国民からは反発する者が現れ、やがて各地での反乱に繋がっていった。反乱が激しくなると、趙高は病気と称して、胡亥の前に姿を現さなくなった。実は趙高は、娘婿の閻楽らと謀議し、胡亥を亡き者にして、胡亥の甥である子嬰を王に据えようとしていたのだ。

そして、前207年、望夷宮において、閻楽は胡亥に自害を迫る。胡亥はそれを受け入れて自害した。

阿房宮の建造を続けた

清代に描かれた阿房宮

◀胡亥に建設が引き継がれた阿房宮は、2階の殿上に1万人が座ることができるほど広大なものだったが、完成することはなかった。

人物相関図

秦

| 扶蘇 P.146 | 親子 | 始皇帝 P.46 |

兄弟　　　　　　　　　親子

李斯 P.130　即位させる →

趙高 P.142　即位させる →

胡亥

甥 → 子嬰 P.147

王族

扶蘇（ふそ）

父である始皇帝をも諫めた不遇の長子

生没年
生年未詳〜前210年没

武力 2
政治 3
知力 4
気力 4
人格 5

蒙恬とともに北方の地で活動する

二十数人いたとされる、始皇帝（46ページ）の男子の中の長子。

前212年、始皇帝が460人余の学者や方士を生き埋めにした坑儒に対し、それを何度も諫めた。このことに始皇帝は怒り、扶蘇を、蒙恬（134ページ）への監督役として、北の地へ送った。

前210年、始皇帝は、亡くなる間際、扶蘇を後継とする遺詔を書いていたとされる。しかし、その遺詔は趙高（142ページ）らによって握りつぶされたばかりか、扶蘇と蒙恬に死を迫る、偽の遺詔が届けられたのである。それを見た扶蘇は、かつて父を諫めたことを思い、自ら剣を取り自害した。

人物相関図

蒙恬 P.134	仕える →	
李斯 P.130	自害させる →	扶蘇
趙高 P.142	自害させる →	

秦
始皇帝 P.46 — 親子 → 扶蘇
後継者に指名 ←
胡亥 P.144 — 親子 / 兄弟

子嬰
(しえい)

約700年続いた秦の最後の君主

生没年
生年未詳〜前206年没

秦

武力 1
知力 3
政治 2
人格 4
気力 3

わずか3ヶ月だけだった王位

　子嬰は、二世皇帝・胡亥（144ページ）の兄の子とされる。胡亥とは比較的近い立場にいたようで、国の運営などについて、胡亥を諫めることもあったという。

　前207年、各地で秦に対する反乱が起こる中、趙高（142ページ）は、胡亥を自害に追い込み、子嬰を次の秦王とした。

　しかし、子嬰は、自身の命も狙われることを恐れ、趙高を殺害する。そして、攻め込んできた劉邦（164ページ）軍に降伏するのである。即位してから、わずか3ヶ月後のことだった。そこでは命拾いした子嬰だったが、その後、関中に入った項羽（180ページ）によって殺され、その生涯を終えるのである。

人物相関図

趙高　P.142 　即位させる→
　←殺害する
劉邦　P.164 　←降伏する

秦
子嬰
(しえい)

甥
胡亥　P.144

皇帝にまつわる言葉を作った丞相

王綰
おう　わん

生没年
生没年未詳

武力 **1**

政治 **3**

知力 **4**

人格 **3**

気力 **3**

「詔」や「朕」の言葉の決定に関わる

　始皇帝（46ページ）の時代の丞相。中華統一時、新たな支配者の名称を考えるよう指示され、馮劫（150ページ）・李斯（130ページ）らとともに「泰皇」という案を示した。その名称は採用されなかったものの、皇帝自身を表す「朕」や、

その命令である「詔」という言葉は、王綰らが考えたものが使われた。

　統一後、秦より遠方にある、燕、斉、楚においては、諸公子を王に立てることを提案するが、李斯が反対し、退けられる。

　統一後に作られた、度量衡の基準器に記された権量銘や、琅邪台刻石に、王綰の名を見ることができる。

人物相関図

李斯　P.130　←→　同僚

馮劫　P.150　←→　同僚

王綰
おう　わん

仕える　→　秦　始皇帝　P.46

馮去疾
ふう きょ しつ

始皇帝、胡亥の二代に仕えた右丞相

生没年
生年未詳〜前208年没

武力 1
知力 4
政治 4
人格 3
気力 3

巡行に出た始皇帝の留守を守る

前265年頃、韓で郡守を務め、後に趙に移って華陽君の地位を与えられた、馮亭の子孫。始皇帝（46ページ）が中華統一を果たしたときには、同じ一族の馮劫（150ページ）とともに秦に仕えていた。

前210年、始皇帝が5回目の巡行に出た際には、右丞相として、咸陽の留守を守った。

二世皇帝の胡亥（144ページ）即位後も、引き続き右丞相として活躍。後に各地で反乱が起きた際には、李斯（130ページ）らとともに、「労役や税の負担が重いことが原因」と上奏するも、胡亥は聞き入れず、李斯、馮劫とともに馮去疾を投獄。その後、馮去疾は自害した。

人物相関図

李斯 P.130 ← 同僚 → 馮去疾
馮劫 P.150 ← 同僚 →
秦
仕える → 始皇帝 P.46
仕える → 胡亥 P.144

Illustration：真平

政治家

馮劫（ふうこう）

始皇帝に仕えた軍人であり政治家

生没年
生年未詳〜前208年没

秦

武力 3
知力 4
政治 4
気力 3
人格 3

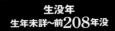

王綰、李斯とともに新たな称号を考案

　馮劫も、馮去疾（149ページ）と同様に、馮亭の子孫である。将軍の職にあったことから、政治家ばかりではなく、軍人としても活躍していたようだ。

　秦王正（46ページ）から、新たな王の名称を考えるよう指示された際には、王綰（148ページ）、李斯（130ページ）らとともに「泰皇」という案を出した。

　始皇帝の元では、副宰相格の御史大夫という職に就いていた。二代皇帝・胡亥（144ページ）にも仕え、その頃に将軍職になったようだ。各地で起こる反乱について、胡亥に対し、李斯、馮去疾とともに意見を述べるが、聞き入れられることはなく、投獄。後に自害したとされる。

人物相関図

李斯　P.130	←同僚→	
王綰　P.148	←同僚→	馮劫
馮去疾　P.149	←同僚→	

秦
仕える→ 始皇帝　P.46
親子
仕える→ 胡亥　P.144

　Illustration：青鳩子

蒙毅（もうき）

始皇帝ににも信頼された、蒙恬（もうてん）の弟

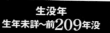

生没年
生年未詳〜前209年没

武力 1
知力 4
政治 4
人格 4
気力 3

冯劫／蒙毅

趙高（ちょうこう）に死刑を言い渡し、恨みを買う

蒙毅は、将軍、蒙恬（134ページ）の弟で、秦の官僚であった。蒙恬が始皇帝（46ページ）に信任されると、蒙毅もまた重用され、常に始皇帝の近くに控えていたという。始皇帝の最後の巡行の際には、病気になった始皇帝のために、蒙毅が神に祈ったとされている。

始皇帝が健在の頃、趙高（142ページ）が大罪を犯したことから、蒙毅は死刑を言い渡す。しかし、始皇帝は恩赦によって、それを覆した。このことから、蒙毅は趙高の恨みを買ってしまう。その結果、始皇帝が亡くなると、蒙毅は投獄される。そして、前209年、冤罪により、蒙毅も趙高によって殺害された。

人物相関図

趙高 P.142 ← 処刑を命じる ← 蒙毅
趙高 → 殺害される → 蒙毅

親子 蒙驁（もうごう） P.70 仕える 秦 始皇帝（しこうてい） P.46
親子 蒙武（もうぶ） 仕える
兄弟 蒙恬（もうてん） P.134 仕える

章邯
しょう かん

奇策を繰り出し反乱軍を撃退した将軍

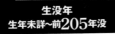

生没年
生年未詳〜前205年没

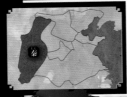

秦

武力 4

知力 5

政治 4

人格 3

気力 4

章邯が残した実績
しょう かん

囚人を使って反乱軍を撃退する

陳勝・呉広の乱で、かつて楚に仕えていた周文率いる反乱軍が、咸陽付近まで迫って来た際、章邯は、酈山陵で働いていた囚人20万人に武器を与え戦わせるという奇策を講じ、自らその軍を率いて撃退した。

項羽に降伏し、雍王に封じられる

前207年、章邯は項羽軍との戦いの際に起こった出来事をきっかけに、項羽に降伏する。その後、項羽の参謀であった范増の「秦人の統治は秦人に任せるべき」との考えから、秦は3つに分割され、章邯は雍王に封じられた。

破竹の勢いで、反乱軍を制圧する

　章邯は、もともと秦の官僚で、少府という役職を務めていた。

　前209年、秦への反乱軍が咸陽に迫ってきたとき、反乱軍の勢力に比べて、秦軍はあまりにも人数が少なかった。そこで、章邯は、始皇帝（46ページ）の陵墓である酈山陵で働いていた囚人20万人に武器を持たせ、応戦したのである。戦功を挙げれば罪が許されこともあり、囚人たちは必死で戦った。その結果、反乱軍を打ち破ることに成功した。

　その後、二世皇帝・胡亥（144ページ）から援軍として送られた司馬欣・董翳と協力して、反乱軍を次々と撃破し、連勝を重ねていった。

　しかし、前207年、項羽（180ページ）の軍に押され、苦戦を強いられる。章邯は、皇帝の判断を仰ごうと、司馬欣を都に送るが、当時実権を握っていた趙高（142ページ）は、それに取り合わず、逆に殺そうとする動きを見せた。戻った司馬欣から、その様子を知らされた章邯は、項羽に降伏した。

　その後、項羽の参謀であった范増（184ページ）による、「秦人の統治は秦人に任せるべき」との考えにより、秦は3つに分割され、章邯は雍王に、司馬欣は塞王に、董翳は翟王に封じられた。

　その後、劉邦（164ページ）配下の韓信（172ページ）の軍に攻め込まれるなどし、前205年、追い詰められた章邯は、自害した。

章邯は雍王に封じられた

▲それぞれの王に封じられた3人だったが、戦いにより多くの同胞が殺されていたことなどから、秦の人からは憎まれた。

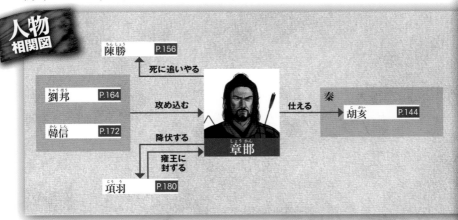

人物相関図

陳勝　P.156

劉邦　P.164

韓信　P.172

項羽　P.180

死に追いやる

攻め込む

降伏する

雍王に封ずる

章邯

仕える

秦

胡亥　P.144

王離

おうり

三代に渡って秦に仕えた武将

生没年
生没年未詳

武力 4

知力 3

政治 3

人格 3

気力 4

王離が残した実績

おうり

祖父、父に続いて将軍として活躍

王離の祖父は、秦王政の時代、趙や燕の攻略で大きな功績を挙げた、将軍の王翦だ。また、父である王賁は、魏、燕、斉などとの戦いで、軍功を挙げており、王離の家系は、三代に渡って、秦に大きな貢献をしているのだ。

鉅鹿の戦いで項羽に敗れる

前207年、楚軍と秦軍が鉅鹿で対決した「鉅鹿の戦い」で、章邯とともに軍を率い、応戦した。当初は優勢だったが、項羽を将とした楚軍に攻め込まれ、秦軍は敗退。王離は楚軍に捕らえられ、捕虜となった。

三代続いたことによる功罪

王離のことを語る上で欠かせないのは、その血筋であろう。祖父の王翦（72ページ）、父の王賁（84ページ）とも、秦に仕えた将軍で、始皇帝（46ページ）の中華統一に大きく貢献した名将だ。そのような一族に生まれた王離もまた、秦に仕えるのは当然のことであったろう。

前219年、列侯である武城侯に封じられていた王離は、宰相の李斯（130ページ）や丞相の王綰（148ページ）、父である王賁らとともに、始皇帝の第2回巡行に同行する。そして、その途中で作られた琅邪台刻石に、父・王賁とともに、名前を刻まれたという。

その後、王離は、北方で活動していた蒙恬（134ページ）の副将となる。前210年に始皇帝が亡くなり、趙高（142ページ）らの謀によって蒙恬が捕らえられた後は、その軍勢を王離が引き継いでいた。

前209年、陳勝・呉広（156ページ）の乱をきっかけに、各地で反乱が起こると、王離は、趙への攻撃を命じられる。そして、趙の趙歇や張耳らの籠る鉅鹿を包囲した。このとき、ある人が言った。「王離は秦の名将だ。必ず趙に勝利するだろう」しかし、それを聞いた人は、違う見方をしていた。「そうはならないだろう。将が三代続いたものは必ず敗北している。なぜなら、将となることが三代続いたということは、間違いなく大勢の人を討伐して殺しているからだ。将の子孫はその祟りを身に受けることだろう」。この言葉は、その後の王離を言い当てたものとして伝わっている。

鉅鹿で応戦していた王離は、章邯（152ページ）の支援もあって、当初は優位に立っていた。しかし、後に、楚の項羽（180ページ）の軍がやってくると、形勢が逆転。王離の軍は打ち破られてしまう。

その後も、趙の軍勢を打ち破るなど、一進一退の攻防を続けるが、最終的に項羽の率いる軍に破れ、捕虜となった。

第三章　始皇帝の大改革　王離

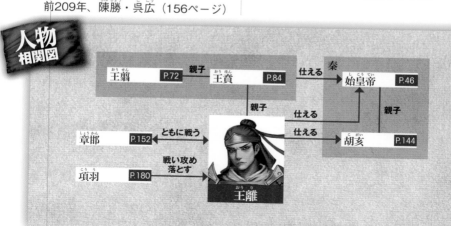

人物相関図

王翦 P.72 ── 親子 ── 王賁 P.84 ── 仕える → 秦　始皇帝 P.46

王賁 ── 親子 ── 王離

章邯 P.152 ── ともに戦う ──

項羽 P.180 ── 戦い攻め落とす →

王離 ── 仕える → 胡亥 P.144 ── 親子 ── 始皇帝

王離

陳勝・呉広

農民の蜂起を指揮した二人の士

武力 4
知力 3
政治 3
人格 4
気力 5

生没年（陳勝・呉広とも）
生年未詳〜前208年没

陳（張楚）

武力 4
知力 4
政治 3
人格 4
気力 5

陳勝・呉広が残した実績

陳勝・呉広の乱を起こす

前209年に、二人が主導して始まった、陳勝・呉広の乱は、一気に拡大を見せ、それが秦に反感を持っていた人たちに広まっていった。その結果、秦は弱体化し、帝国の終焉につながっていくのである。

張楚の国を作り陳勝が王となる

反乱軍の規模はまたたく間に大きくなった。その勢いのまま、旧楚の首都・陳城を占領。張楚という国を建てて、陳勝が王、呉広が仮王を名乗った。しかし、二人の死によって、国は6ヶ月ほどで滅んだ。

農民たちを指揮して、反乱のきっかけを作る

二世皇帝・胡亥（144ページ）の時代、陳勝と呉広は、農民たちを束ね、引率する役割を担っていた。二人とも、貧民の出身で、秦の北方警備のために徴集されたときに出会ったとされる。

前209年、漁陽への国境の守りに駆り出された農民900人が、大沢郷に集められた。陳勝と呉広が引率となり、出発しようとしたが、大雨によって道が水没し、期日までにたどりつくことが不可能となってしまう。法に厳しい秦の国では、期限までに到着できなければ斬首刑になる。

このまま遅れて向かっても死だが、ここで逃げ出しても死が待っている。陳勝と呉広は、同じ死であれば、反乱を起こして戦うことを選んだ。

このとき、陳勝は兵に向かって「王侯将相、いずくんぞ種あらんや」と演説した。これは、王、諸侯、将軍、丞相の地位も、生まれによってではなく、力で奪い取ることができるという意味で、農民たちを勇気づけた。

反乱は大きなうねりとなり、二人は、大沢郷を占領した後、諸県を攻略していった。そして、陳に入る頃には、歩兵は数万人にまで膨らんでいた。

陳に入城した二人は、国号を張楚と定め、陳勝が王、呉広は仮王となった。

しかし、二人の治世は長く続かなかった。まず、呉広が部下に殺害されると、続いて陳勝も殺されてしまう。王位についてわずか6ヶ月後のことだった。

反乱の起きた大沢郷の位置

●咸陽

●大沢郷

▲大沢郷は、淮水の北の平原地帯にある。ここから、現在の北京に近い漁陽までは、かなりの長旅であったと推測される。

人物相関図

章邯　P.152　撃退する →

陳勝

呉広

反乱を起こす →　秦　胡亥　P.144

廉頗の亡命後、李牧と龐煖を登用

悼襄王 （生年未詳〜前236年）

戦国時代の趙の第9代目君主。趙王即位時に魏を攻めていた廉頗を楽乗と交代させたため、廉頗が魏に出奔するという事態を招いた。ただ、そのあと龐煖、李牧を登用して燕を攻略。前241年に春申君が組織した合従軍にも参加するなど積極的な軍事行動を行っている。しかし、前236年に王翦、桓齮らの率いる秦軍に鄴を落とされ、その後まもなく死去した。

楽乗とともに秦を攻める

慶舎 （生没年未詳）

孝成王、悼襄王に仕えたとされる趙の将軍。「史記」趙世家によると、前256年に楽乗とともに秦の信梁という武将を攻め破ったという。また、前240年に東陽という黄河の北岸の地に陣を置き、南岸の軍は河の橋を守ったと記されている。軍を動かした目的は不明だが、前年に龐煖らの率いる合従軍が秦を攻めており、その報復を恐れたのかもしれない。

桓齮に大敗した趙将

扈輒 （生年未詳〜前234年）

趙の10代目の君主である幽穆王に仕えた将軍。前歴は不明だが、前234年に桓齮の率いる秦軍が平陽を攻めた際、主将として迎撃にあたっており、幽穆王の信頼厚い武将だったと思われる。しかし、桓齮の軍に打ち破られ敗死。趙の兵士10万人が首を取られる結果となった。その後、桓齮は平陽と武城を平定して宜安を攻めるが李牧に敗れている。

荊軻とともに秦に向かうが……

秦舞陽 （生没年未詳）

秦王暗殺未遂事件を起こした荊軻に同行したことで知られる。燕の将軍秦開の孫で、13歳のときに人を殺したため人々から恐れられていたという。そうした経歴を買われ、燕の太子丹の要望で荊軻に協力するが、秦王正を前にして恐怖のあまり震えてしまい、ほとんど役に立たなかった。その後の消息は不明だが、おそらく荊軻ともども斬られたのだろう。

合従軍の将軍候補だった?

臨武君 （生没年未詳）

楚の武将で、性悪説で知られる荀子と軍事について議論したこともあるという。天下の諸侯が合従したとき、春申君に全軍を率いる将軍に推されるが、秦に大敗した経験があることを理由に趙の魏加が反対したと「戦国策」に書かれている。ここでいう合従が函谷関を攻めた前241年の五カ国合従軍のことなのかは不明だが、かなり名の知れた兵家だったのだろう。

蒙恬に敗れた匈奴の王

頭曼単于 （生年未詳〜前209年）

秦の時代の匈奴の単于で、有名な冒頓単于の父。蒙恬の匈奴攻撃により河南の地を奪われ北方に逃げるが、始皇帝と蒙恬の死去後にすべて奪回した。その後、寵愛する后の子を冒頓に代えて太子にしようと画策。冒頓を人質に出した月氏国を襲撃し、月氏に息子を殺させようとした。しかし、脱出して戻ってきた冒頓によって狩りの最中に殺害された。

項羽と劉邦が天下を争う

～秦の滅亡から漢帝国成立まで～

劉邦

項羽と劉邦が天下を争う
～秦の滅亡から漢帝国成立まで～

陳勝・呉広の乱に始まる反秦勢力の台頭

　秦への反乱を起こした陳勝は陳王となり国号を張楚と称した。さらに陳勝の配下の武臣が趙王を称して陳余、張耳とともに独立。武臣の配下の韓広が燕王となり、斉では田氏一族の田儋が斉王を称するなど、さまざまな勢力が王を立てて自立していった。なお、この頃に項羽が叔父の項梁とともに会稽郡で挙兵。劉邦も故郷の沛県で蜂起している。

　前208年の冬、陳勝の軍は函谷関を突破して咸陽に迫るが、秦の章邯は始皇帝陵の建設作業に従事していた囚人20万人に武器を持たせて迎撃。陳勝軍を打ち破り、これを敗走させた。この敗北により陳勝軍は動揺。呉広も配下の者に殺され、次第に形勢不利になっていった。そして、本拠地の陳を章邯に攻められ、陳勝は逃走中に自分の御者だった男に殺害されたのであった。

　こうして陳勝・呉広の乱は蜂起からわずか6カ月で鎮圧された。しかし、項梁と項羽は勢力を拡大させていき、楚王の後裔の懐王を立てて楚を復興。劉邦もこの軍に加わり、項羽と行動をともにすることになる。

反秦の兵を挙げたおもな者たち

人名	出自・行動
陳勝	呉広とともに農民反乱を起こし、秦崩壊の口火を切る
呉広	陳勝とともに挙兵。仮王となり、諸将を監督して滎陽を攻める
周文	陳勝が起こした反乱に参加、兵を率いて函谷関を攻める
張耳	陳勝の反乱に陳余とともに参加、趙の地を平定する
陳余	陳勝の反乱に張耳とともに参加、趙の地を平定する
韓広	陳勝の配下である武臣の将、自立して燕王となる
田儋	斉王田氏の末裔、陳勝の挙兵に乗じて斉王を名乗って自立
魏咎	弟の魏豹とともに陳勝の反乱に参加、魏王に立てられる
項梁	楚の名将・項燕の子、甥の項羽とともに会稽で挙兵
呉芮	百越の兵を率いて項梁軍に参加
英布	群盗となっていたが、兵を起こして項梁軍に参加
劉邦	故郷・沛の県令を殺し、反秦の兵を挙げる

◀蜂起した陳勝は陳王を称して国号を張楚とし、陳勝が各地に派遣した者たちも、その地で自立したり、自ら王になったりした。このころ項羽や劉邦も反秦の兵を挙げるが、まだ目立った存在ではなかった。

項羽が鉅鹿にて秦軍を撃破 ついに秦帝国が亡びる

　一大勢力となった楚軍だが、章邯は定陶にて項梁を敗死させる。さらに趙を攻めて、趙王のいる鉅鹿城を囲んだ。楚の懐王は宋義を上将軍、項羽を次将として趙に向かわせるが、項羽は宋義を殺害して兵権を強奪。自身が主将となって鉅鹿へと向かった。一方、劉邦も秦と戦うべく西進していた。このとき、先に関中に入ったほうを関中王にすると懐王が約束したと言われている。

　項羽軍は鉅鹿に到着するが、形勢は明らかに不利であった。しかし、項羽は全軍を率いて黄河を渡ると、船を沈めて鍋や釜を壊し、兵たちには3日分の食料だけ持たせた。項羽が見せた決死の覚悟に兵たちは震え立ち、秦軍を散々に打ち破ったのであった。項羽のすさまじい戦いぶりを見た諸侯の将軍たちは恐れおののき、みな膝を地につけて項羽に従ったと「史記」項羽本紀は記している。章邯

咸陽宮の模型

▲咸陽宮の復元模型。関中に入った項羽によって焼き払われ、その火は3カ月間も消えなかったと「史記」項羽本紀は記している。

も項羽と和睦して彼に服属するが、秦の兵士に不穏な動きをする者がいたため、項羽は秦兵20万を生き埋めにしている。

　このような状況下、咸陽では趙高が胡亥を自害させるという事件が起こっていた。趙高は胡亥の兄の子（始皇帝の弟とも）の子嬰を即位させようとするが、危険を感じた子嬰は趙高を殺害。即位して秦王となったあと、項羽に先んじて関中入りをはたした劉邦に降伏した。

　かくして秦帝国は中華統一からわずか15年で滅んだ。その後、関中に到着した項羽によって子嬰は殺され、咸陽の宮殿もすべて焼き払われたのであった。

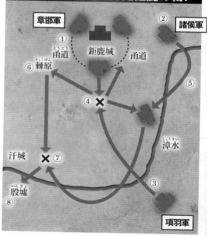

楚の勝利を決定づけた鉅鹿の戦い

①秦軍が趙軍の篭もる鉅鹿城を包囲、章邯は城の南に布陣し、甬道を築いて包囲軍に糧秣を供給②諸侯軍は秦軍を恐れて様子見③項羽、船を沈めて兵に鍋、釜を捨てさせ、3日分の食料のみ持たせて秦軍に突撃をかける④項羽、秦軍に大勝。秦軍の王離を捕え、蘇角を殺し、渉間を自殺させる⑤諸侯軍が項羽に服属⑥章邯、敗走した軍をまとめて棘原に布陣⑦項羽、昼夜兼行で進軍し、またも秦軍を破る⑧章邯が項羽に降伏

漢王となった劉邦が蜂起し、楚漢戦争が始まる

前206年、項羽の主導による新体制が立ちあがった。項羽は楚の懐王を義帝とし、自らは西楚の覇王を称した。そして、秦との戦いで功績のあった者たちを王として18の国に分封。劉邦は西の辺境の地である漢に封じられ漢王となった。

この時期、劉邦の配下となったのが韓信である。劉邦は天下を争うべく、韓信を将軍に抜擢して関中を制圧する。その頃、項羽が義帝を暗殺するという事件が起きており、劉邦はこれを大義名分として項羽の打倒を宣言。ここに楚漢戦争が始まったのである。

劉邦は諸侯たちに呼びかけて項羽の本拠である西楚の都・彭城に向かった。兵の数は56万にものぼったという。このとき項羽は斉侵攻の最中で、漢軍は項羽不在の彭城をあっさり陥落させる。しかし、精兵3万を率いて戻ってきた項羽に急襲され、漢軍はあえなく壊滅。劉邦は命からがら関中まで逃げ延びたのであった。

劣勢となった劉邦の巻き返しに多大な貢献をしたのが韓信である。韓信は魏、代を討伐すると、有名な背水の陣で趙の大軍を破った。さらに燕を降伏させ、斉に侵攻。斉の救援に来た楚の龍且らも破り、斉を平定したのである。この功により韓信は劉邦より斉王と認められ、楚、漢に匹敵する勢力となった。

前203年、広武山で対峙していた漢軍と楚軍との間で休戦協定が結ばれた。しかし、劉邦は協定を破って退却する楚軍の背後から奇襲をかけた。さらに韓信、彭越の軍が漢軍に加わり、ついに項羽を敗走させたのである。

項羽体制での18王の配置

（地図）
遼東
燕
代
翟
常山
膠東
雍
西魏
殷
斉
済北
塞
河南
韓
西楚
漢
衡山
臨江
九江

漢	劉邦	翟	董翳	代	趙歇
九江	英布	西魏	魏豹	燕	臧荼
臨江	共敖	殷	司馬卬	遼東	韓広
衡山	呉芮	韓	韓成	斉	田都
雍	章邯	河南	申陽	膠東	田市
塞	司馬欣	常山	張耳	済北	田安

▲楚を復興した項羽だったが、彼の分封には不満の声が多く、やがて斉や燕で反乱が勃発。劉邦もまた関中を目指して兵を挙げることとなる。

陝西省の韓信像

大将韓信

▲韓信は劉邦、項羽と天下を三分できる勢力を持つにいたるが、自立しようとはしなかった。画像は陝西省の漢中市にある韓信の将拝台。

劉邦が項羽に勝利 漢帝国の時代が始まる

　敗走した項羽は垓下にて漢軍に包囲された。このとき項羽の軍は10万ほどだったが、30万の兵を擁する韓信を一度は退却させている。しかし、劣勢を覆すことはできず、項羽は800余人の兵で包囲網を突破。追撃してきた漢軍と戦いながら南下するが、長江のほとりの烏江という地で、ついに力尽きて自害した。

　前202年、項羽に勝利した劉邦は皇帝に即位し、高祖となった。劉邦は長安に都をおき、15郡を直轄地とする一方、東方には韓信ら項羽討伐に功のあった諸

将を王に封じた。しかし、劉邦はこれら諸侯王を次々に粛清し、劉氏一族を王に代えていったのである。

　劉邦が62歳で亡くなると妻の呂后が実権を握った。冷酷な悪女と言われる呂后だが、その治世は安定していたという。だが、呂后の死後に呂氏一族は粛清され、劉邦の四男にして後世賢帝と評価された文帝の時代が始まるのである。

現在の西安（長安）

▲劉邦は咸陽の南の長安（現在の西安）を漢の都とし、秦の制度を引き継いだ郡県制を敷くが、東方には諸侯王を置いた。これを郡国制という。

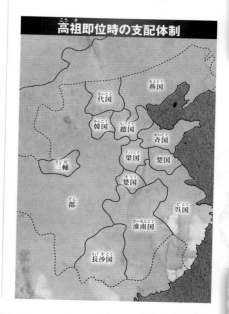

高祖即位時の支配体制

代国　燕国　韓国　趙国　斉国　三輔　梁国　楚国　楚国　郡　呉国　淮南国　長沙国

諸国に封じられた王のその後

国名	初代の王	その後の出来事
斉国	韓信	前202年に楚に転封、劉邦の子の劉肥が王になる
楚国	韓信	前201年に淮陰侯に降格、前196年に謀反を企てた罪で粛清される
淮南国	英布	前196年、謀反の疑いをかけられ挙兵するが敗死
長沙国	呉芮	前201年に子の呉臣に王位を継承、以降5代まで続く
燕国	臧荼	前202年に反乱を起こし処刑、劉邦の功臣の盧綰が王となる
趙国	張耳	前201年に子の張敖が王となるが、前198年に王位を失う
韓国	韓王信	裏切りの疑いをかけられ匈奴に投降、漢軍との戦いで敗死
梁国	彭越	前197年、謀反の疑いにより一族もろとも誅殺される

◀韓信、彭越、英布ら異姓の王は謀反の疑いなどで次々に誅殺されていった。唯一、生きのびた長沙国の呉氏も景帝の時代に劉氏の王に代わっている。

劉邦（高祖）

楚漢戦争に勝利した前漢の初代皇帝

生没年
前247年生〜前195年没

漢

武力 4
知力 4
政治 4
人格 4
気力 5

劉邦が残した実績

反秦連合として、咸陽を陥落させる

秦への反乱軍として蜂起した劉邦は、その規模を拡大させて楚軍と合流。秦の都・咸陽に向かう。項羽とどちらが先に咸陽入りを果たすかを競って進軍し、見事先に咸陽に入ることに成功する。

楚漢戦争に勝利し、皇帝となる

生涯のライバルであった、項羽との間に楚漢戦争が勃発。3年に渡る激しい戦いの末に項羽を倒し、漢王朝を成立させる。そして劉邦は皇帝となった。反乱を粛清する際は、自ら指揮を執った。漢は、その後400年あまり続いた。

任侠の生活から、沛県の県令に

劉邦は、東方の農民の出身だ。若い頃は、家業を厭い、酒色を好むという、いわゆる任侠の生活を送っていた。その後、縁あって、沛の泗水という街で亭長という、警察署長のような役職に就く。その頃、劉邦は始皇帝（46ページ）を見て、「男子たるもの、あのようになりたいものだ」と語ったと言われている。

この頃、名士であった呂公に気に入られ、その娘を娶っている。それが、後に呂后（176ページ）と呼ばれるようになる呂雉である。

また、ある日、劉邦は労役人夫を驪山まで送り届ける任務を任された。しかし、その道中、人夫たちが次々と逃亡してしまった。やけになった劉邦は、酒を飲み、人夫たちを全て釈放してしまったという。劉邦の豪快さが伝わるエピソードであるが、当然秦では罪になることなので、この後劉邦は、逃亡生活を送るの

である。

前209年、陳勝・呉広（156ページ）の乱がおきると、各地で秦への反乱の機運が高まっていった。そんな中、かつて劉邦とともに沛の役人をしていた蕭何（170ページ）と曹参が、人気のある劉邦をリーダーにすべきと推薦し、これを受けて沛県の県令になる。その後、劉邦は、漢王になるまで、沛公と呼ばれた。

県令となった劉邦は、秦への反乱を示す赤い旗を掲げて挙兵した。もちろん、蕭何や曹参もそこに加わったが、他にも

沛県の位置

●咸陽　　　●沛県

▲沛県にいた頃の劉邦は、人気者だったようで、彼が飲み屋に入れば、自然に人が集まってきて満員になったと言われている。

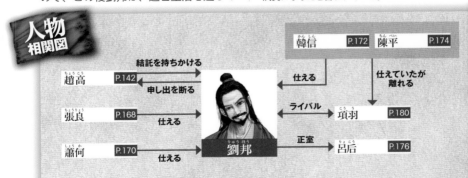

人物相関図

結託を持ちかける
趙高　P.142
申し出を断る

韓信　P.172　　陳平　P.174

仕える　　　　仕えていたが離れる

張良　P.168
仕える

劉邦

ライバル　　項羽　P.180

蕭何　P.170
仕える

正室　　呂后　P.176

雑多な人たちが参加していた。樊噲は、食肉用の犬を売る仕事をしていたし、周勃は、蚕の敷物を織る仕事をしていた。

一番乗りを目指して咸陽へ

劉邦はまず、周辺の地域を攻め、少しずつ勢力を拡大していった。そんな中で、後に劉邦の軍師として活躍する、張良（168ページ）にも出会う。

その頃、反秦を掲げた楚軍には、形だけの懐王がおり、「最初に咸陽に入り、平定した者を関中王にする」と宣言していた。これに従う形で、劉邦軍と項羽（180ページ）軍は互いに一番乗りを目指して、咸陽に向かったのである。

そのときの項羽の軍は40万と、軍事力も大きく、10万ほどであった劉邦の軍よりも圧倒的な戦力を誇っていた。

しかし、項羽が次々と秦軍とぶつかり、殺戮と強奪を繰り返して進んだのに対し、劉邦は無駄な戦いを避け、道中にある城の城主を説得するなどの地道な方法で着実に咸陽に向かったのだった。

劉邦の肖像画

漢高祖像

前漢の初代皇帝になる

◀咸陽に入った劉邦は、宮殿の中の女性と財宝に目がくらんだが、樊噲と張良に諌められ、一切手を出さなかったという。

そのような状況の中、秦において実権を握っていた趙高（142ページ）から、劉邦の元に密使が来る。その内容は、二人で手を結び、関中を二分してともに王になろうというものだった。劉邦はこれを拒否し、進軍を続ける。そして、項羽よりも先に咸陽に入ったのだった。

咸陽に入った劉邦は、部下たちに、人殺しや盗みを禁じた。また、命乞いをしてきた子嬰（147ページ）に対し、身の安全を保証するのだった。

ここで、劉邦は、守らなければいけない3つの法律「法三章」を宣言する。こ

劉邦の主な経歴

年	出来事
荘襄王3年（前247年）	沛県豊邑中陽里に生まれる
	若い頃は、酒色を好んだ任侠生活を送る
二世皇帝元年（前209年）	陳勝・呉広の乱が起きると、蕭何、曹参らの働きにより沛令となる
高祖元年（前206年）	項羽に先んじて関中に入る
	上将軍項羽と鴻門で会う
	項羽によって、漢王に任ぜられる
高祖2年（前205年）	項羽との戦いで大敗する
高祖5年（前202年）	項羽を討ち果たし、漢の皇帝に即位する
高祖12年（前195年）	62歳で亡くなる

れは、「人を殺せば死刑」「人を傷つければ罰則」「物を盗めば罰則」というシンプルなもので、これにより、民衆からの支持も強くなっていった。

楚漢戦争に勝利し、漢王朝を成立させる

先に咸陽に入った劉邦に対し、項羽も黙ってはいなかった。両者は鴻門で会見を開き、項羽は劉邦の釈明を受け入れた。

その後項羽は、西楚覇王を名乗り、国内に18の王国を設置する。劉邦には、西方の漢が与えられた。

しばらくは、項羽に従っていた劉邦だったが、やがて反旗を翻す。こうして楚漢戦争が始まった。

当初は、優秀な人材が集まっていた項羽軍が優勢で、劉邦はたびたび戦いに負けていた。しかし、その後、漢軍が巻き返しを図るなど、情勢は流動的で、およそ3年に渡る戦いにより、双方とも疲れ果てていく。そして、前203年、休戦協定が結ばれる。

榮陽を堺に天下を二分し、西を漢、東を楚とすることで合意したのだ。両軍がそれぞれ引き上げるとき、劉邦が項羽軍を襲った。その後項羽は、垓下に追い詰められ自害。楚漢戦争は、劉邦軍の勝利で終結したのである。

前202年、劉邦は諸侯の推戴を受けて、皇帝に即位。ここに前漢王朝が成立した。

劉邦がまず都をおいたのは、洛陽だった。しかし、手狭な洛陽では、四方を攻められたときに守りきれないのではない

かとの意見があり、長安（現在の西安市）に遷都、城を構えた。ここから、約400年に渡る漢王朝が始まった。

諸侯の粛清と、劉邦の最期

その後の漢も安泰というわけではなかった。燕王の臧荼、韓王信、韓信（172ページ）、英布などが次々と反乱を起こし、粛清されていったのだ。戦いの際、劉邦は、しばしば自ら戦地に赴いて指揮を執ったという。

前195年、劉邦は、英布との戦いで受けた矢の傷が元となり、亡くなった。62歳であった。死の間際、「今後をどうすればいいか」と尋ねた呂后に対し、「蕭何に任せておけばよい。その次は曹参が良かろう。その次は王陵が良いだろうが、愚直すぎるので陳平を補佐とするとよい。」と答えたという。また、「劉氏一族でない人間を王にしてはならない」とも言ったとされる。最後まで、国の将来を考えた皇帝であった。

現在の西安（長安）

西安城壁の西門

▲漢の都が置かれた西安は、西周、漢、隋、唐など、いくつもの王朝の都となり、2000年以上の歴史を重ねている。

政治家

劉邦の活躍を支えた名軍師

張良
ちょう りょう

生没年
生年未詳～前186年没

漢

武力 **1**

知力 **5**

政治 **4**

人格 **4**

気力 **4**

張良が残した実績

始皇帝暗殺を企てる

祖父の代から韓の要職を務める家に生まれた張良は、韓を滅ぼした秦を憎み、始皇帝暗殺を企てる。前218年、巡行中の始皇帝に、約30kgもある鉄槌を投げつけたが、それが当たることはなく、失敗に終わった。

劉邦の軍師として、天下統一に貢献

張良は、劉邦の行ってきた多くの作戦の立案をし、また、劉邦も、張良の言葉はほぼ無条件に受け入れたという。劉邦と張良の関係は、君臣関係の理想として、後世の人の間でも語り継がれている。

始皇帝暗殺未遂犯から、劉邦の名軍師へ

張良は、祖父の代から韓の相国を務めていた家系に生まれた。韓が秦に滅ぼされると、若き張良は秦への復讐を誓い、始皇帝の暗殺を考える。

前218年、始皇帝（46ページ）が3回目の巡行で、博浪沙を通ったとき、張良は始皇帝の車めがけて、約30kgの鉄槌を投げ込んだ。しかし、鉄槌は供の車に当たってしまい、暗殺は失敗に終わる。

陳勝・呉広（156ページ）の乱が起きると、張良も兵を集めて参加しようとしたが、思うように人が集まらなかった。また、張良自身、将としての器量が不足していると感じていたところ、劉邦（164ページ）に出会い、そこに合流した。

張良は、それまでに何度か、将に出会っては、自らの兵法を説いたが、聞く耳を持たれなかった。しかし、劉邦は、張良の話を聞き、それを実戦に使った。そのことに張良はひどく感動したという。

劉邦にとっても、張良は重要な人物だったようだ。劉邦の作戦のほとんどを張良が立案しており、それをほぼ無条件に受け入れて、天下を取るまでになった。

楚漢戦争時も、張良の策は功を奏し、蕭何（170ページ）、韓信（172ページ）とともに、「漢の三傑」と呼ばれるまでになる。晩年は、一線を退こうとするも、劉邦の跡継ぎ問題や、諸侯の反乱対応などに巻き込まれてしまう。そして、劉邦の死から9年後の前186年、張良はその生涯を閉じるのである。

張良の肖像画

書を読む張良

▲若い日、張良は不思議な老人と出会い、太公望の兵法書を渡された。張良はそれを身につけて、名軍師となったのである。

人物相関図

漢の三傑

蕭何　P.170　―同僚→　張良　―暗殺を試みる→　始皇帝　P.46

韓信　P.172　―同僚→　張良（ちょうりょう）　―仕える→　劉邦　P.164

蕭何
しょう か

政治面で劉邦を支えた、漢の三傑の一人
りゅうほう

生没年
生年未詳〜前193年没

漢

武力 1
知力 5
政治 5
人格 4
気力 4

蕭何が残した実績
しょう か

咸陽にあった書物を守る
かん よう

前206年、劉邦が項羽よりも先に咸陽に入った際、蕭何は宝物殿には目もくれず、秦の文書殿に入って法令などの書物を全て持ち帰った。これが後に、漢王朝成立時の法の制定などに役立ったと言われている。

脱走した韓信を連れ戻す
かん しん

劉邦が漢王となった頃、召し抱えていた韓信が逃亡するという事件が起きた。蕭何は自ら韓信を追いかけ、説得して戻らせる。後の韓信の活躍を考えれば、蕭何の人の見る目が確かであったことがよく分かる。

Illustration：中山けーしょー

劉邦の元で、前漢の体制作りをサポートする

蕭何は、沛県の出身で、役人をしていた。その頃に、劉邦（164ページ）と出会い、行動をともにするようになる。劉邦が、沛県の県令になったときも、蕭何は曹参とともに、その推薦をしている。

劉邦が反秦連合に加わり、その勢力を拡大していく中で、陣営における内部事務の一切を取り仕切っていた。

前206年、劉邦軍が咸陽に入ったときには、他の者が宝物殿などに殺到する中、ただ一人文書殿に行き、秦の歴史書や法律、各国の人口記録などの資料を持ち帰った。これが、後の漢王朝での法の制定などに役立ったとされる。

劉邦が漢王になった後、与えられた役職が閑職だったことに不満を持ち、韓信（172ページ）が脱走してしまう。他にも、劉邦の元から離れる将はいたが、韓信の能力を見抜いていた蕭何は、自ら韓信を追いかけ、説得して連れ戻した。後に「漢の三傑」の一人となる韓信をつなぎとめた功績は大きい。

劉邦が皇帝となり、前漢が成立すると、蕭何は、引き続き政務を担当し、長年続いた戦乱で荒れ果てた国土の復興に従事した。その後、韓信が謀反を企てていることを知ると、誘い出して処刑する。この功績によって、臣下としては最高位である相国に任命されるのである。

こうして漢王朝を支えた蕭何は、劉邦の死の2年後、その後を追うように亡くなった。

蕭何の肖像画

漢の三傑の一人

▲相国になった後、劉邦は蕭何に、謀反の疑惑を持つようになった。蕭何は、財産を国庫に寄付するなどして、欲のなさを示し、粛清を免れた。

人物相関図

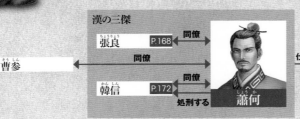

漢の三傑

張良　P.168　───同僚───→　蕭何
曹参　←───同僚───→
韓信　P.172　───同僚───→
　　　←─処刑する─

蕭何　───仕える───→　劉邦　P.164

韓信
かんしん

国士無双と言われた、劉邦軍の大将軍
こくしむそう　　　　　　　　　　りゅうほう

生没年
生年未詳~前196年没

漢

武力 5
知力 4
政治 3
人格 3
気力 4

韓信が残した実績
かんしん　　　　　　　じっせき

歴史に残る「韓信の股くぐり」

若い頃、無頼仲間の男に、「その剣で俺を刺してみろ。できないならば俺の股をくぐれ」と挑発された韓信は、黙って股をくぐり、それを見た人は笑ったという。無駄な争いを避けるという、冷静な判断があったのだろう。

蕭何にも認められた実力
しょうか

劉邦軍を脱走した韓信を連れ戻した際、蕭何は韓信について、「韓信は国士無双であり、他の雑多な将軍とは違う。」と話したという。ここから、他に比類ない人物という意味で、国士無双という言葉が使われるようになった。

多くの逸話が残された韓信の生涯

　楚の淮陰という土地の出身とされる。若い頃は仕事もろくにせず、放蕩無頼の生活を送っていた。食べるものに困っていると、見かねた老女が食事を恵んでくれた。韓信は、「必ずお礼をする」と言い、後に楚王になったとき、老女に、使い切れないほどの大金を与えたという。

　また、ある日、無頼仲間の男から、「お前は臆病者だ。そうでないなら、その剣で俺を刺してみろ。できないなら俺の股をくぐれ」と挑発された。韓信は、黙って男の股をくぐり、それを見た周囲の人はあざ笑ったという。韓信は、ここで男を斬り殺しても、なんの得にもならず、この程度のことで怒りを顕にするのは、大人げないと考えていたのだろう。

　そんな韓信であったが、反秦の動乱が始まると、項羽（180ページ）に仕えるようになる。しかし、そこでは重用されなかったため、劉邦（164ページ）の元へと移る。ここでも、閑職に就いたため、脱走するが、蕭何（170ページ）の説得によって戻っている。蕭何は劉邦に対し、「韓信は国士無双であり、他の雑多な将軍とは違う。天下を争おうと考えるのなら韓信は不可欠だ」と話したという。その言葉の通り、韓信は上将軍となり、数々の戦いで軍功を挙げていく。そして、斉王、楚王へと上りつめていった。

　前196年、韓信は反乱を起こそうとしたが、事前に発覚。捕らえられて死刑となった。

韓信の肖像画

国士無双の武将

▲韓信は、王になった際、かつて股くぐりらをさせた男に感謝の言葉を伝え、彼を要職に取り立てたという。

第四章　項羽と劉邦が天下を争う　韓信

人物相関図

漢の三傑

張良 P.168 ―同僚→ 韓信 ←仕えていたが離れる→ 項羽 P.180
蕭何 P.170 ―同僚→／処刑する→ 韓信 ―仕える→ 劉邦 P.164

政治家

陳平
ちん　ぺい

数々の奇策をもって劉邦に仕えた軍師

生没年
生年未詳～前178年没

漢

武力 2
知力 5
政治 4
人格 3
気力 4

陳平が残した実績

項羽軍を弱体化させた反間の計

楚漢戦争の中、陳平は、金を使って項羽軍に、「重臣たちが王を裏切ろうとしている」という噂を流し、項羽を疑心暗鬼にさせた。その結果、項羽軍から、参謀である范増を引き離すことに成功した。

漢から呂氏を排除する

劉邦が亡くなると、前漢王朝の実権を握ったのは、劉邦の正室・呂后だった。陳平は、呂后に従うふりを続けて機会を伺い、呂后が亡くなった後、呂氏一族を皆殺しにし、劉邦の庶子である文帝を即位させた。

　Illustration：原田みどり

様々な智謀をもって
劉邦につくした

　陳平は、陽武戸牖郷の貧しい農家に生まれた。幼い頃から、家業を手伝うことはなく、勉学に励んでいたという。

　成人した陳平は、村の祭で、祭肉を均等に切り分け、「私に天下を与えてくれれば、このようにうまく切り分けるのに」と言ったという。

　やがて、国内に反秦の反乱が起こると、魏王の咎、続いて項羽（180ページ）に仕える。しかし、いずれの陣営でもうまくいかず、最終的に劉邦（164ページ）の元で仕えることになる。そこで陳平は、軍師としての才能を遺憾なく発揮させる。得意としたのは、様々な奇策だった。

　楚漢戦争で、劉邦軍が項羽軍に追われていた際、陳平は、金を使って項羽軍に、「重臣たちが漢に協力して、項羽を滅ぼし、王になろうとしている」という噂を流し、項羽軍から、参謀の范増（184ページ）を引き離すことに成功する。これは、「反間の計」と呼ばれ、陳平の奇策の中でも、最も有名なものの一つである。

　前195年、劉邦は、亡くなる前、臣下たちに、「劉氏一族でない人間を王にしてはならない」と言い聞かせていた。しかし、劉邦の死後、実権を握ったのは、その正室である呂后（176ページ）とその一族だった。陳平は、呂后らに従うふりをして、君主を補佐し続けた。そして、呂后が亡くなると挙兵し、呂氏一族を皆殺しにする。その後、劉邦の庶子である文帝を即位させ、丞相として支えたのだ。

陳平の肖像画

美しい容姿だった

▲陳平は、幼い頃から背が高く、美しい容姿をしていた。その立派な見た目から、金を持っていると思われ、襲われそうになったこともある。

第四章　項羽と劉邦が天下を争う

陳平

人物相関図

項羽　P.180 ──仕えていたが離れる── 陳平 ──仕える── 劉邦 P.164

張良　P.168 ──同僚── 陳平

韓信　P.172 ──同僚── 陳平 ──仕える── 呂后 P.176

劉邦 ──正室── 呂后

中国三大悪女にあげられる太后

呂后
りょこう

生没年
前239年生～前180年没

漢

長力 1

知力 3

政治 4

人格 3

気力 4

呂后が残した実績

父の勧めにより劉邦に嫁ぐ

沛県で亭長をしていた時代の劉邦を、呂后の父である呂公が気に入り、妻の反対を押し切って呂后を嫁がせた。劉邦との間に一男一女をもうけ、夫の世話をよくする良妻賢母であったとされる。

劉邦の死後、国の実権を握る

劉邦の死後、息子である恵帝が即位すると、呂后は太后としてその後見にあたった。また、身内である呂氏の一族を要職に就け、自身の地位を強固なものにした。政治の手腕には長けていたようだ。

良妻賢母から、恐ろしき悪女へ

呂后が劉邦（164ページ）と出会ったのは、劉邦が沛県で亭長をしていた頃だ。呂后の父である呂公が酒宴を開いたとき、「進物一万銭」と、はったりを書いた劉邦を見て、呂公が感心し、娘を嫁がせた。結婚後は、一男一女をもうけ、劉邦の父が行っていた農業を手伝ったり、懸命に子育てをするなど、良妻賢母な女性であったという。

楚漢戦争が始まった頃までは、沛県で子どもたちと留守を守っていたが、後に戦争が激化すると、呂后自身が人質に取られるなど、苦労も多かったようだ。

前202年、劉邦が漢の皇帝となると、呂后は皇后として、皇太子である息子・劉盈の地位の安定に力を尽くした。

彼女が、悪女としての一面を見せるようになるのは、劉邦の死後、息子である劉盈が、恵帝として即位してからである。彼女は、太后としてその後見にあたり、政務にも関わるようになっていった。

そんな中、彼女の残虐さが顕になった事件が起きる。かつて、劉邦の側室であり、寵愛を受けていた戚夫人を、嫉妬のあまり毒殺したのだ。呂后はそれだけでもあきたらず、手足を切り落とし、目と耳を焼いた上で、厠に捨てたとされる。それにショックを受けた恵帝は、酒や女に溺れるようになり、早死にしてしまう。しかし、それでも呂后は、他の側室やその子たちを、次々と暗殺していった。

一方、人事の面では、自分の身内である呂氏一族を次々と要職に就けていった。それによって、多くの人から恨みを買い、呂后の死後のクーデターにつながるのである。

ただし、呂后が国の実権を握っていた時代は、国中が潤い、安定していたことも事実である。政治的な手腕はあったのかもしれない。

後に彼女は、中国三大女傑や三大悪女に名を挙げられるようになる。さまざまな一面があったが、その存在は大きい。

人物相関図

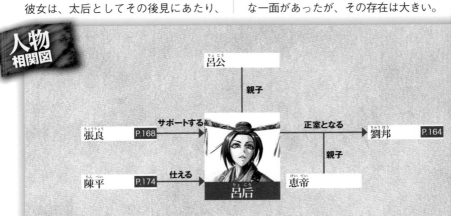

呂公（りょこう）

親子

張良（ちょうりょう）　P.168　サポートする →

陳平（ちんぺい）　P.174　仕える →

呂后（りょこう）

正室となる →　劉邦（りゅうほう）　P.164

親子

恵帝（けいてい）

項梁
こう りょう

楚の名門に生まれた、反乱時の武将

生没年
生年未詳〜前208年没

楚

武力 **4**
知力 **3**
政治 **3**
人格 **3**
気力 **4**

項梁が残した実績

甥である項羽を育てる

項梁は、後の西楚覇王となる、甥の項羽を育てたことで知られる。子供の頃の項羽は、文字を習っても覚えられず、剣術を習っても上達しなかったという。しかし、ある日兵法を教えてみると、興味津々で学びだしたという。

楚の懐王を擁立する

反乱軍の動きが活発化した時代、項梁は、楚の民の望みを聞き、羊飼いに身を落としていた、旧楚王の孫である、心という人物を連れて来て、祖父と同じ名前の懐王として楚の王に擁立した。

反乱軍の指導者として、楚のために戦う

項梁は、楚の大将軍・項燕（116ページ）の子として生まれた。そして、甥には、後の西楚覇王である項羽（180ページ）がいる。項梁は、その項羽の育ての親としても有名だ。

幼い頃の項羽は、文字を習っても覚えられず、剣術を習っても上達しなかった。項梁は、そのことで項羽を怒るが、項羽は「文字なぞ自分の名前が書ければ十分。剣術のように一人を相手にするものはつまらない。私は万人を相手にする物がやりたい」と、答えたという。項梁は、これを聞いて喜び、項羽に兵法を教えた。しかし、こちらも、兵法の概略を理解すると、それ以上は学ぼうとしなかったという。このように、変わり者であった項羽の教育は、簡単ではなかったことだろう。しかし、後の項羽の活躍を考えたならば、項梁のしたことは、間違ってはいなかったと考えられる。

反乱軍に加わる前の項梁は、殺人を犯し、項羽を連れて江南に逃れていた。しかし、項梁はこの地でも、人々の信頼を集め、人夫の割り当てや葬式を取り仕切るなど、地元の実力者になっていた。

前209年、陳勝・呉広（156ページ）の乱をきっかけに反乱軍が起こったとき、項梁は、会稽郡守であった殷通に呼び出される。殷通は、「先んずれば人を制すと言う。私も秦に対して反乱を起こすことに決めた」と言って、項梁に、自分の配下の将軍になるよう要請した。これに対し、項梁は、その場に呼んだ項羽に、殷通を斬殺させた。そして、項梁は郡守の印を奪って自ら会稽郡守となった。

この後、項梁は項羽とともに反乱軍に身を投じ、一時は、劉邦（164ページ）軍の支援などもしていた。

項梁は、劉邦と項羽のどちらが先に咸陽に入るかを競わせた、懐王の擁立にも尽力した。しかし、項梁は、その結果を見ることなく、章邯（152ページ）率いる秦軍に攻められて亡くなった。

人物相関図

項燕　P.116

親子

劉邦　P.164　──ともに戦う──→　項羽の父　　項伯

章邯　P.152　──打ち倒す──→　項梁　──養う──→　項羽　P.180

項羽（項籍）

秦を滅ぼし、西楚覇王となった武将

項羽（こうう）項籍（こうせき）

生没年
前232年生～前202年没

楚

武力 5
知力 3
政治 4
人格 3
気力 4

項羽が残した実績

咸陽を焼き払い、西楚覇王となる

劉邦に遅れて咸陽に入った項羽は、秦の王であった子嬰とその一族を処刑。咸陽を焼き払って秦を滅亡させた。その後、西楚覇王を名乗り、秦滅亡にあたって功績のあった18人の諸将を王侯に任じた。

四面楚歌という言葉が生まれる

楚漢戦争に破れた項羽は、垓下の地に追い込まれる。そのとき、城の四方から、故郷である楚の歌が聞こえてきた。これは、故郷への思慕を募らせるための作戦だったと言われる。ここから、四面楚歌という言葉が生まれた。

楚の将軍の家系に生まれ、戦いに身を投じる

項羽は、代々、楚の将軍を務めた家系に生まれた。祖父の項燕（116ページ）は、最後まで秦と戦い続けた将軍として名高く、叔父の項梁（178ページ）も反乱軍を率いた武将だ。項羽は、幼くして両親を亡くしたため、この項梁に育てられた。

学びごとでは、あまり優秀ではなく、「文字なぞ自分の名前が書ければ十分。剣術のように一人を相手にするものはつまらない。私は万人を相手にする物がやりたい」と話したという。これを聞いた項梁は、項羽に兵法を教えた。しかし、こちらも、概略を理解すると、それ以上は学ぼうとしなかった。

成長した項羽は、始皇帝（46ページ）の巡行を見た際、「彼に取って代わってくれる」と話し、一緒にいた項梁が慌てて口をふさいだとという話が伝わっている。

前209年、陳勝・呉広（156ページ）の乱が起き、各地に反秦の動きが広まる

と、項羽も項梁に従って挙兵。8000もの兵を集めて西に向かって進撃を始めた。

このとき、わずかな軍勢を率いて、彼らの合流するものがいた。それこそが、後に項羽の最大のライバルとなる、劉邦（164ページ）だった。

このようにして、項梁率いる軍は、秦に反旗を翻した者たちが集う、反秦連合となっていった。連合がまとまった後、項梁が戦死するという出来事が起こるものの、項羽率いる楚軍が中心となり、秦を倒すべく咸陽へと向かっていった。

項羽の肖像画

西楚覇王

勇ましさが伝わる姿

◀項羽は、我の強い性格と、8尺（約180センチメートル）を超える体格で、若い頃から恐れられていた。

人物相関図

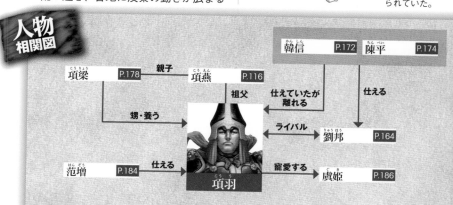

項梁　P.178 ── 親子 ── 項燕　P.116

韓信　P.172　陳平　P.174

項梁　甥・養う →

祖父

仕えていたが離れる

仕える

ライバル ← 劉邦　P.164

范増　P.184　仕える →

項羽

寵愛する → 虞姫　P.186

劉邦に遅れて咸陽に入り、子嬰を処刑する

反乱軍が西へ向かっていたとき、楚の懐王は、「最初に咸陽に入り、平定した者を関中王にする」と宣言していた。それにより、項羽は、劉邦と競うようにして咸陽入りを目指したのだ。

西へ進軍する劉邦に対し、北方を回っていった項羽の戦い方は激しかった。立ちふさがる敵を皆殺しにし、秦の兵士20万人を生き埋めにしたり、女・子供も無差別で切り捨てるなどの残虐な行いをした。これは、無駄な戦いを避け、道中にある城の城主を説得するなどの地道な方法で着実に咸陽に向かった劉邦とは対照的だった。

前206年、項羽は咸陽にたどり着く。しかし、そのときすでに劉邦は先に咸陽に入っていた。劉邦は、函谷関を兵で防ぎ、項羽が関中に入ってこられないようにした。項羽は怒って劉邦を殺そうとしたが、両者は鴻門で会見を開き、項羽は劉邦の釈明を受け入れ、許した。

京劇での項羽の仮面

項羽の悲しみも感じる

▲京劇の「覇王別姫」は、項羽と虞妃との最期の別れを描いた物語。項羽の仮面は、どこか恐ろしげな表情をしている。

その後、あらためて咸陽に入った項羽は、秦の最後の王である子嬰（147ページ）とその一族を処刑し、咸陽を焼き払う。つけられた火は、3ヶ月間も消えることがなかったと言われる。また、始皇帝（46ページ）の墓をあばき、財宝を全て盗み出した。その量は、30万人が30日かかっても運びきれないほどであったと伝えられている。

項羽に対し、咸陽に都をおいて覇者になるべきと説く者もいたが、項羽は自分の故郷である東方へと帰り、彭城に都をおき、新たな国家体制を構築した。

項羽の主な経歴

年	出来事
始皇15年（前232年）	楚の将軍・項燕の孫として生まれる
	叔父の項梁に養われて育つ
二世皇帝元年（前209年）	項梁に従って挙兵する
二世皇帝3年（前207年）	秦の章邯が率いる軍と戦い勝利する（鉅鹿の戦い）
高祖元年（前206年）	劉邦と鴻門で会う
	秦の王、子嬰を処刑する
	楚漢戦争が始まる
高祖2年（前205年）	彭城の戦いで劉邦軍に勝利する
高祖5年（前202年）	漢軍に敗北し自害する

楚漢戦争に破れ、垓下に果てる

前205年、項羽が主導して、新しい国家体制が始まる。項羽は皇帝にはならず、西楚覇王を名乗って、これまでの戦いで功績のあったものを王侯とし、18の王国を設置した。

しかし、この政策には、不満を持つ者も多く、ほどなく各地から兵を起こす者が現れた。そして、項羽が、楚の懐王に実権を持たせず、郴県という僻地に追放したあげく殺害すると、そのことを口実にして、劉邦が挙兵した。こうして、楚漢戦争が始まったのである。

当初は、劉邦軍に勢いがあった。56万もの連合軍を引き連れて、彭城へ入城した。しかし、項羽軍は、わずか3万の精鋭でこれを打ち破ったのだ。このときの死者は10万人にも上るとされている。

一方で項羽軍は、劉邦側の陳平（174ページ）の策である「反間の計」によって、参謀である范増（184ページ）を失うなど、痛手を被っていた。

このように、その後の戦いは、一進一退の攻防が続き、3年にもおよんだ。そして、双方とも疲弊がみられた、前203年、休戦協定を結ぶことになる。滎陽を堺に天下を二分し、西を漢、東を楚とすることで合意した両軍だったが、引き上げるとき、劉邦が項羽軍を襲った。

項羽は、垓下に追い詰められてしまう。そこで項羽が耳にしたのは、城の四方から聞こえてくる楚の歌だった。これは、

歌を聞いて、故郷への思慕を募らせ、楚軍の士気を削ぐ作戦だったと言われている。ここから、四面楚歌という言葉が生まれた。

その夜、項羽は、本陣で酒を飲み、一緒にいた愛人の虞姫（186ページ）に、垓下の歌を歌って聞かせたという。

その後、敗戦を覚悟した項羽は、長江沿いの烏江まで逃げ延びる。そこで、自ら剣を持ち、漢軍に挑んだ。傷だらけになりながらも、最後まで戦い、力尽きて自害した。

恵まれた体躯と、戦いの才能を持ち、それでも、皇帝になることは叶わず、劉邦に負けてしまったのは、人の話に耳を貸さず、独断でことを進める性格からではないだろうか。韓信（172ページ）、英布、陳平といった、優秀な人材を活かしきれず、劉邦の元に走らせたことも大きい。さまざまな戦いにおいても、反抗するものを、時には残虐なまでに殺害し、民衆の支持を得られなかった点も考慮すべきだろう。

現在の長江の流れ

▲長江のほとりにたどり着いた項羽は、烏江の亭長から、川を渡るように言われるが、漢軍を迎え撃つため、それを断った。

項羽から亜父と呼ばれ敬愛された参謀

范増
はん ぞう

あ ふ

武力 2

知力 5

政治 3

人徳 4

気力 4

生没年
前278年生〜前204年没

楚

范増が残した実績

70歳を超えてから項羽に仕える

范増が項羽に仕えたのは、70歳を超えてからだった。今でも十分高齢の年代だが、平均寿命が短かった当時の中国では、驚くべき年齢だろう。項羽からは、父に次ぐ人という意味の亜父と呼ばれ、敬愛された。

劉邦の殺害を進言し続ける

劉邦が項羽とライバル関係になり、咸陽に先に入って以降、范増は幾度となく項羽に、劉邦の殺害を提案している。その力の大きさと、危険性を認識していたのだろう。事実、後に項羽は劉邦によって倒されることになる。

楚の将来を見通し、項羽に進言を続ける

　范増が歴史に登場するのは、前208年、70歳のことだ。それまでは、誰にも仕えず暮らしていたようだが、「奇策を立てることを好んだ」とされていることから、策略家として、名前が知られていたのかもしれない。

　当時、国内で反乱軍が多く蜂起する中、そのきっかけとなった、陳勝・呉広（156ページ）の乱の首謀者、陳勝が戦死する。そのことを知った項梁（178ページ）が、諸将を集めて今後のことを相談した際、老体に鞭打って、范増が参加した。

　その席で范増は、「秦に対して、最も罪がなかったのに、楚は非道な扱いを受けた。そのことで楚は恨みが深く、秦を滅ぼすなら楚であろうと言われている。陳勝は、楚王を立てず、自ら王になろうとしたから失敗したのだ」と説いた。項梁はこれに納得し、懐王の子孫を探し出し、新たな楚王に立てた。

　その後、項梁が戦死すると、范増は項羽に仕えている。劉邦（164ページ）が、項羽（180ページ）に先駆けて咸陽に入った際には、「あの財宝や女に目のない劉邦が、関中入りしてから自重しているということは、もっと大きな野心があるからに違いない。今のうちに抹殺すべし」と、項羽に進言している。

　しかし、項羽はその言葉に従わず、鴻門の会を開いて、劉邦と話し合った。この席でも、范増は、劉邦殺害を狙うが、実行には至らず、生かして帰してしまう。范増は、やがて劉邦に天下を獲られてしまうだろうと、大いに嘆いたという。

　この後も、項羽と劉邦の争いは続き、楚漢戦争へと入っていく。范増は引き続き項羽を支え、劉邦軍を滅ぼすよう力をつくすが、逆に劉邦の配下にいた陳平（174ページ）による、反間の計によって、項羽に疑念を抱かれてしまう。そうして、范増は項羽の元を去ることになる。その後、故郷へと向かった范増だったが、その途中、病のため亡くなった。

人物相関図

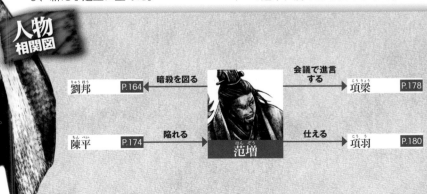

劉邦　P.164　←暗殺を図る　范増　会議で進言する→　項梁　P.178

陳平　P.174　陥れる→　范増　仕える→　項羽　P.180

虞姫（ぐき）

京劇のモデルにもなった、項羽の愛妾（こうあいしょう）

生没年
生没年未詳

武力
1

政治
2

知力
3

気力
4

人格
4

楚

虞姫（ぐき）が残した実績

追い詰められた項羽の傍にいた

楚漢戦争の終わり、項羽が垓下（がいか）の戦いで追い詰められたとき、その最後の酒宴の席に虞姫は同席していた。そこで項羽は、辞世の詩を虞姫に送る。虞姫もまた、項羽に対して、返歌を送るのだった。

京劇「覇王別姫（はおうべっき）」の題材となる

項羽と虞姫の愛の物語は、京劇「覇王別姫」の題材にもなっている。この中で虞姫は、項羽を諌めるシーンがあるなど、会話や行動において項羽に対して積極的な姿勢をみせる自我が強い女性として描かれている。

短い記録が残るだけの謎多き女性

項羽（180ページ）の愛妾として名高い虞姫については、あまり多くの資料は残されていない。それでも、一時は西楚覇王とまでなった項羽が愛した女性となれば、当然その美しさや人柄が、並外れて魅力的であったということは、想像に難くない。

書物の中で、虞姫が登場するのは、項羽が劉邦（164ページ）軍に追い詰められた、垓下の戦いのシーンだ。そこには、「劉邦率いる漢軍に敗れた傷心の項羽の傍にはいつも虞美人（虞姫）がおり、項羽は片時も彼女を放すことがなかった」と書かれている。そして、項羽が、城の四方から聞こえてくる楚の歌を聞いたという、いわゆる「四面楚歌」のくだりで、項羽は、本陣で酒宴を開き、一緒にいた虞姫に、垓下の歌を歌って聞かせたという。それは、こんな内容だった。

「力拔山兮氣蓋世

時不利兮騅不逝

騅不逝兮可奈何

虞兮虞兮奈若何」

（力は山を抜き　気は山を蓋う

時に利あらず　騅逝かず

騅の逝かざるを　いかんせん

虞や虞や　汝をいかんせん）

死を覚悟した中でも、最後に愛する人の名前を呼びかける。その切なさは、時代を超えて多くの人の胸を打つ。

そして、これに対し、虞姫は、以下のような歌を返している。

「漢兵已略地

四方楚歌声

大王意気尽

賤妾何聊生」

漢がすでに楚を攻略、四方から楚の歌声が聞こえてきて、大王（項羽）の意気が尽きては、どうしてわたくしめが生きていられましょうか、という内容だ。

この後、項羽は、長江のほとりで自害して果てる。虞姫の消息については、一切伝わっていない。

人物相関図

虞姫

寵愛を受ける

項羽　P.180

第四章　項羽と劉邦が天下を争う

虞姫

187

始皇帝陵、劉邦の時代の研究について

ここでは始皇帝の死後から項羽・劉邦の時代について鶴間和幸先生にインタビュー。2200年以上経てもなお謎につつまれている始皇帝陵をはじめとする最新の研究状況を語ってもらった。

始皇帝陵の地下に築かれた始皇帝の永遠の宮殿

——『始皇帝の地下宮殿～隠された埋蔵品の真相～』という本を出されましたが、始皇帝陵についてどんなことを書かれたのでしょうか。

咸陽や始皇帝陵から文書史料がまったく出てきていないことが出発点になりました。浅いところに埋まっていて腐ってしまったのかもしれません。でも、始皇帝が葬られた地下30メートルの地下宮殿には絶対あるだろうと。では、何が納められたのか、そこから始まりました。もちろん、地下宮殿はまだ発掘されていないので、推測するしかありません。そこで、咸陽周辺の小型墓、南郡の地方官吏の墓、漢の時代の馬王堆の墓を比較するお墓として取り上げました。

馬王堆に埋葬されていたのは始皇帝の時代を生きた女性で、そのまま肉体が腐らずに残っていたのです。埋蔵品なども全部残っていたので、すごく参考になります。たとえば、当時は棺の外側に椁室という部屋を設けて、

そこにたくさんの物を納めたのですが、始皇帝の地下宮殿もそういう形で整理されているんだろうな、とか。司馬遷は宮観・百官の珍奇なものを納めたと書いているのですが、彼がどこまで具体的なことを把握していたのか、わからないですからね。

たとえば、珍奇なものというのは先ほども言った東方の国の宮殿から略奪したものかもしれない。始皇帝は死後の世界を生きていこうとしたわけですから、食べ物も入れたのではないですかね。壺にお酒を入れたり、穀物を入れたり。馬王堆もそうでしたから。しかも、馬王堆は副葬品のリストも納められていました。始皇帝の墓にもそうしたリストを必ず入れているだろうと思いますね。

——『史記』には項羽がかなり咸陽を荒らしたとありますが、始皇帝陵には手をつけなかったんでしょうか。

兵馬俑坑は焼いた跡があるので多分入ったと思います。5メートルくらいで浅いですからね。でも、始皇帝の地下宮殿は30メートルですから、入って暴くということは多分していないです。

——では、先ほど言われていたようなもの

が見つかる可能性があるわけですね。

中国側の調査で地下空間の存在が判明していますからね。今も始皇帝の遺体が残されている可能性もあるわけです。もっとも私が生きている間はまだ掘らないですから責任は持てませんけど（笑）。

見直されつつある
趙高、胡亥らの人物像

——秦滅亡の原因とされがちな趙高と胡亥ですが、彼らはどんな人物だったと考えておられますか。

趙高が宦官というのは後世の誤解ですね。宦官の「宦」はもともと「従う」という意味なのです。出土史料にも「宦皇帝」という言葉があります。つまり、皇帝に従うもっとも身近な役人のことを宦といって、趙高もそうだったのです。後宮に入った者は去勢されますけど趙高はそうではないですからね。ところが、後漢や唐の時代になって宦官が勢力を持つようになると、趙高も宦官だったという注釈が付くようになったわけです。

趙高は『史記』で列伝を立てられてもいい

兵馬俑坑

▲1974年に始皇帝陵の東方で発見された兵馬俑坑。等身大の兵士や馬など、8000体ものさまざまな陶像が埋蔵されているとみられている。

人物です。蒙恬列伝と李斯列伝のどちらもかなりの分量が彼に割かれていますが、これらは趙高の裏列伝を兼ねているのではないかと思います。趙高は秦の皇帝になろうとしたのかもしれない人物ですからね。司馬遷は太史令という国の重要な役人でしたから、やはりそういう人物を列伝に立てるのはちょっと躊躇したのではないでしょうか。でも、外せない人物だから裏に入れ込んだと。そのあたりは巧みですよね。

——では、胡亥はどうでしょう。

始皇帝陵を完成させたのは胡亥です。兵馬俑を作って始皇帝を埋葬したのも彼ですし、巡行もやっています。皇帝だった3年間は、けっこうしっかりやったと言えるのではないでしょうか。

——『趙正書』（始皇帝の晩年をまとめたとされる書）では、胡亥は始皇帝のやり方をすべて破棄したように書かれていますが、その点についてはどうですか。

皇帝が変わったら新たに法を発布すべきという考え方があるのです。即位したら先帝の時代の律令は焼いてしまうと。そして、新たに自分の名前で法令を出す。同時代の竹簡にそう書いてあります。始皇帝の時代の法律をそのまま使えばいいじゃないかと思ってしまうのですが、建前として全部破棄するという考え方が当時はあったわけです。

——つまり、法令の中身は同じだけれど、皇帝が変わったので改めて出しますよということですか。

そうですね。私は趙高、胡亥、李斯も含めた反始皇帝伝説は見直していくべきだと思っています。彼らは始皇帝の後を継いだわけですが、それが始皇帝の同意の上だったのか、

それとも司馬遷が書いたようにクーデターだったのか、そこもわからなくなってきましたから。司馬遷の言うことは大事だけど、出土史料などから疑っていかないといけない。そういう時代に入ってきたと思います。

——楚漢戦争や前漢の成立期では近年どのような発見があったのでしょうか。

だいぶ前ですが『張家山漢簡』という呂后の時代の法律文書が出てきました。それを見ると秦の制度をそのまま使っているんですね。裁判文書の判例の一部が秦の時代のものなのです。『漢書』百官公卿表にも前漢初期は秦の制度を受け継いだとあるのですけれど、以前は具体的なことがわかりませんでした。でも、実際に何を受け継いだのか、この史料でわかってきました。

それぞれの体制に表れた
劉邦と項羽の人となり

——劉邦は郡県制と封建制を合わせた郡国制を採用しますが、背景にはどんな理由があったと思われますか。

漢長安城未央宮前殿の跡

▲高祖が建造した長安城の南西部にあった宮殿の史跡。長安城の中心というべき宮殿で、漢代の皇帝はここで政務を執ったという。

始皇帝の時代から郡県制がよいか、封建制がよいか議論していますね。当時、そういう議論はたえずしていたのだと思います。項羽のときは封建制ですよね。義帝を立てて18人の王を分封したと。そうした流れがあったわけです。

項羽の時代ってすごく大事だと思います。項羽の体制は、ある意味中国の分岐点だったと言いますか、彼がもっと長く政権を取っていれば、もうちょっとゆるい皇帝制度を作ったかもしれませんね。

——ある意味、劉邦は始皇帝の後継者だったわけですね。

自分は始皇帝のようになりたいと言っていますからね。一方、項羽は取って代わりたいと言っていて、彼らの政権はまさにその言葉通りだったように思います。

劉邦は最初から蕭何ら功臣を列侯にして国を任せています。列侯がいなければ漢という国は維持できないということを劉邦はわかっていたわけです。だから、諸侯王は粛清されていきましたけど、列侯たちは残っています。ただ、諸侯王を粛清して劉氏一族に代えていきましたが、呉楚七国の乱（景帝の時代に劉氏一族の王たちが起こした反乱）で結局失敗していますよね。同じ劉氏でも信頼できないと。それで、劉氏もどんどん削られていくことになります。

——項羽と劉邦はいろいろ対照的ですが、『史記』が脚色した部分はあったりするのでしょうか。

楚漢の戦いは『楚漢春秋』という書に基づいています。楚漢戦争を実際に体験した人が残した記録ですから項羽のこともかなりしっかり書いています。功臣たちが項羽についた

り劉邦についたりしたことも書いてあります
しね。最後に勝った者が良く描かれていると
いうのはあるでしょうが、劉邦についてもか
なり人間的に書かれていると思いますよ。

始皇帝はどんな書物を読んでいたか

——では、呂后はどうでしょう。

　先ほども言ったように呂后の時代の律令が
出てきたのですが、彼女は劉邦が亡くなった
あと、しっかりと政治を行っています。南越
などとの外交もちゃんとやっていますね。
彼女の死後に呂氏一族は大臣と対立して粛清
されましたけど、単なる悪女ではないですね。

——呂后の功績が消されたり薄められた可
能性はありますか。

　呂氏粛清のあと代王だった劉邦の子の劉
恒が文帝となり、そのあと景帝、武帝という
血に変わっていったわけですから、呂后の時
代の史料がどれだけ残されたか、それは疑っ
ていいかもしれません。文帝はかなり持ち上
げられていますから、呂后が対比として持ち
出されたみたいな政治的背景はあったかもし
れませんね。

——呂后というとどうしても「人豚」ばか
りイメージされがちですからね。

　西太后（稀代の悪女として名高い清末の太
后）と同じですね。彼女もゆがめられた部分
がかなりあると思います。僕は以前「悪の歴
史」という本を編集したのですが、その中で
扱う人物に孔子も入れています。歴史的な人
間も善と悪の両方の部分があって、悪だけ善
だけという人はいません。歴史の評価として

善、悪どちらかの面ばかり強調されている人
物は見直していかないといけないと思いま
す。それは始皇帝も同じですね。

——現在の始皇帝研究では、どういったこ
とが注目されているんでしょうか。

　始皇帝の時代の出土史料がどんどん出てき
ていまして、そこから新しいことがわかって
きています。考古学的には始皇帝陵や咸陽周
辺の発掘が進んでいますし、地方の井戸から
竹簡が出てきたりしています。そうした考古
史料を見ないと研究はできない、今はそうい
う時代です。

——また始皇帝に関する書籍を出す予定は
ありますか。

　じつは、今『始皇帝の愛読書（仮）』とい
う本を書いています。始皇帝はいろんな本を
読んでいて、おそらくそれらは地下宮殿に納
められただろうと考えたわけです。

——面白いですね。彼はどんな書物を読ん
でいたとお考えですか。

　まず、『韓非子』の「孤憤」「五蠹」ですね。
この著者に会えたら死んでも恨まないと言っ
たほどです。商鞅が書いたという『商君書』
も読んでいたと思います。儒家の本も読んで
いますね。李斯の政策で焚書坑儒をやりまし
たが、彼は儒家の思想を身につけています。
また、皇帝になって東方を巡行したときに方
士たちの不老不死の世界にも引き込まれてい
ますね。

　法家だけで始皇帝は語れません。法家だけ
で統治なんてできませんからね。儒家などの
思想も取り入れているし、それはいろいろな
史料から確認できます。ということは、彼は
そうした書物を読んでいるはずです。そう
いったことを書いていこうと思っています。

参考文献

●史記（司馬遷著、小竹文夫・小竹武夫訳／ちくま学芸文庫）●漢書（班固著、小竹武夫訳／ちくま学芸文庫）●春秋左氏伝（小倉芳彦訳／岩波文庫）●新釈漢文大系 史記（吉田賢抗、寺門日出男、水澤利忠、青木五郎著／明治書院）●新釈漢文大系 戦国策（林秀一、福田襄之介、森熊男著 明治書院）●人間・始皇帝（鶴間和幸著／岩波新書）●秦の始皇帝 伝説と真実のはざま（鶴間和幸著 吉川弘文館）●始皇帝の地下宮殿〜隠された埋蔵品の真相〜（鶴間和幸著／山川出版社）●都市国家から中華へ（殷周 春秋戦国）（平勢隆郎著 講談社）●ファーストエンペラーの遺産（秦漢帝国）（鶴間和幸著 講談社）●「悪の歴史」東アジア編【上】（鶴間和幸編著 清水書院）●秦の始皇帝 多元世界の統一者（鶴山明著 白帝社）●秦の始皇帝（吉川忠夫著／講談社学術文庫）●項羽と劉邦の時代 秦漢帝国興亡史（藤田勝久著 講談社選書メチエ）●秦帝国成立前史 秦末反乱と楚漢戦争（柴田昇著 白帝社）●史記戦国列伝の研究（藤田勝久著 汲古書院）●中国古代史研究の最前線（佐藤信弥著 星海社新書）●史記の事典（青木五郎、中村嘉弘編著 大修館書店）●知識ゼロからの史記入門（渡辺精一監修、横山光輝絵／幻冬舎）●中国の思想I 韓非子（西野広祥、市川宏訳／徳間書店）●始皇帝全史（鶴間和幸監修 カンゼン）●春秋戦国 完全ビジュアルガイド（レッカ社編著 カンゼン）●始皇帝大全ビジュアルブック（カンゼン）●図解 秦の始皇帝 最強研究（「歴史の真相」研究会著 宝島社）●別冊宝島2033あらすじとイラストでわかる秦の始皇帝（平勢隆郎監修 宝島社）●別冊宝島2600春秋戦国時代 合戦読本（鶴間和幸監修 宝島社）●歴史群像シリーズ32【項羽と劉邦 上巻】龍虎、泰流尽への銃鋒（学研）●歴史群像シリーズ33【項羽と劉邦 下巻】楚漢激突と"国士"韓信（学研）●歴史群像シリーズ44【秦始皇帝】"中国"を創始した絶対者（学研）●歴史群像シリーズ78【争覇春秋戦国】五覇七雄、興亡の五百年（学研）※このほかにも多くのサイトや文献を参考にしております

掲載写真に関して

以下に記す画像・写真は、Wikipediaが定めるパブリックドメインの規定に則り使用しております。これらは著作者の死亡した日の属する年の翌年から起算して、50年を経過したものであるため、日本の著作権法第51条及び第57条の規定により著作権の保護期間が満了しており、知的財産権が発生していない、または消滅しているパブリックドメインとなります。ウィキペディア財団の公式な見解では、「パブリックドメインにある平面的な作品の忠実な複製はパブリックドメインであり、パブリックドメインでないと主張することは、パブリックドメインの概念そのものへの攻撃に当たる」とされております。また、平面的な美術の著作物を写真術によって忠実に複製したものは、撮影者による「著作物」として扱われず「複製物」として扱われます。そのため、使用している写真は「複製物」とされ、絵画同様にパブリックドメインとみなされます。

荊軻による秦王襲撃事件が起きる、秦王正を襲撃する荊軻、李斯が門を叩いた荀子、統一された文字（小篆）、李斯の肖像画、儒家の始祖である孔子、航海に出る徐福、悪名の高い趙高、阿房宮の建造を続けた、劉邦の肖像画、張良の肖像画、蕭何の肖像画、韓信の肖像画、陳平の肖像画、項羽の肖像画、京劇での項羽の仮面

始皇帝
完全ビジュアルガイド

発行日	2021年12月28日 初版
監修	鶴間 和幸
発行人	坪井 義哉
編集担当	高橋 大地
発行所	株式会社カンゼン 〒101-0021 東京都千代田区外神田 2-7-1 開花ビル TEL 03（5295）7723 FAX 03（5295）7725 http://www.kanzen.jp/
郵便振替	00150-7-130339
印刷・製本	株式会社シナノ

万一、落丁、乱丁などがありましたら、お取り替え致します。
本書の写真、記事、データの無断転載、複写、放映は、著作権の侵害となり、禁じております。

© Live2021

ISBN 978-4-86255-623-3

Printed in Japan

定価はカバーに表示してあります。

本書に関するご意見、ご感想に関しましては、kanso@kanzen.jp までEメールにてお寄せください。お待ちしております。

STAFF

編集	株式会社ライブ 竹之内大輔／山崎香弥
構成	仁志 睦
執筆	仁志 睦／プレヤード
デザイン	黒川篤史（CROWARTS）
DTP	株式会社ライブ
イラスト	諏訪原寛幸／青鳩子／イカサマひでお 池田正輝／長内佑介／怪人ふくふく 菊地鹿人／桑乃あやせ／座布団豆 JONY（Panda Graphics）／真平／so-da 武彦／月岡ケル／とよ／中山けーしょー にぱ／野垣スズメ／原田みどり／藤川純一 森野ヒロ／四四一ょよ
鶴間和幸似顔絵	蟹めんま
写真協力	国立公文書館 国立国会図書館